青春期女孩派：爱上高效学习

木 紫 编著

黑龙江科学技术出版社
HEILONGJIANG SCIENCE AND TECHNOLOGY PRESS

青春期女孩派：爱上高效学习

QINGCHUNQI NÜHAI PAI：

AI SHANG GAOXIAO XUEXI

木 紫 编著

策划编辑　罗　琳

责任编辑　马远洋　罗　琳

封面设计　磊源广告

出　　版　黑龙江科学技术出版社

地　　址　哈尔滨市南岗区公安街 70-2 号

邮　　编　150007

电　　话　（0451）53642106

传　　真　（0451）53642143

网　　址　www.lkcbs.cn

发　　行　全国新华书店

印　　刷　辽宁新华印务有限公司

开　　本　710 mm×1000 mm　1/16

印　　张　14

字　　数　230 千字

版　　次　2021 年 3 月第 1 版

印　　次　2021 年 3 月第 1 次印刷

书　　号　ISBN 978-7-5719-0642-9

定　　价　36.00 元

图书在版编目（CIP）数据

青春期女孩派：爱上高效学习 / 木紫编著. ——
哈尔滨：黑龙江科学技术出版社，2021.3

ISBN 978-7-5719-0642-9

Ⅰ. ①青… Ⅱ. ①木… Ⅲ. ①中学生 - 学习方法
Ⅳ. ①G632.46

中国版本图书馆 CIP 数据核字(2020)第 150474 号

前言

如何在科技瞬息万变的智能时代炫出自己的舞步，如何让青春的岁月不忧虑、不畏惧，意气风发地迎接美好的未来，这是一个已经摆在青春期女孩面前需要认真面对的问题。

当中国女排以十一战全胜的好成绩获得 2019 年女排世界杯冠军，当华为 5G 华丽炫耀着国人的自豪，当荣获"共和国勋章"的屠呦呦入围 BBC "20 世纪最伟大科学家"，青春期女孩被激励之时是否会思考自己未来之路，将会成为什么样的人，会做出一番怎么样的事业呢？

一定是这样的。此时，女孩的生活如诗如梦，魅惑而又多彩，走过迷茫，每个人的心中都对未来充满了期待。未来，无论有怎样的姿彩，都是今日汗水浇灌的成果。所以，不管女孩心中燃放着怎样的烟花，都要懂得学习才是第一位的事情。

人类的发展史就是一部学习史，从钻木取火到制造工具再到人机对话，起关键作用的就是人类的学习能力，人类的学习能力的确是一项令人自豪的本领。不过，此时已经走上食物链顶端的人类，如果不学习，在享受着人工智能带来的方便、快捷与舒适的时候，有可能被人工智能打败。所以，好好学习仍然是人类保

1

持优势的不二法宝。

青春期是学习的黄金期，学习成绩怎么样决定着女孩未来的发展。与其他年龄段相比，青春期又是个特殊的时期，青春期女孩的内心世界充满了挣扎和徘徊，叛逆、自闭，甚至还有点迷茫。她们常常会想：

"我怎么感受不到学习的乐趣呢？"

"我也想当优等生，可是，我当不了啊！我没有那样的头脑啊！难道这个世界就不允许有差生存在吗？"

"作业堆积如山，胳膊都写麻了，什么时候是个头呀？"

"上课的时候，我总是不由自主地看某位帅哥，真想跟他表白，可是，学校和父母三番五次强调不能早恋，闹心呀！"

"老师讲课太占时间，一道题反复讲，我都要困死了，为什么不让我们自学呢？"

"我太想和同学打成一片了，可是我见到大家就没话了，怎么改变我这内向的性格呢？"

"手机坏了，怎么跟家里说呢？才用了一年，又买新的，自己都觉得太奢侈。"

"妈妈老在自己面前提学习成绩好的表姐，我都快受不了了。妈妈怎么就不知道，我与表姐不一样啊。"

"天天补课，成绩也不见提高。要是考不上大学怎么办呢？不敢想象父母失望的眼神。"

……

生理上的发育使得女孩有了许多新的情感体验，见到帅气的男孩，她们会脸红；因为有了较多的知识和经验的积累，思维活跃，女孩更倾向于独立解决问题，不喜欢妈妈左叮咛右嘱咐；既自闭又渴望被理解，使得她们既渴望交往，又不敢轻易吐露心声，有时，内心的苦闷只能憋着，还会委屈得哭了；青春期的萌动，使得她们向往异性，但是社会习俗的限制，她们又不能谈恋爱；大脑前额叶发展相对滞后，不能很好地控制自己的情绪和行为，女孩心中会莫名地燃烧出火苗；大脑神经系统的抑制与兴奋功能出现了不同步，也就是兴奋功能较强，遇到刺激比较容易兴奋。

处于这样的成长阶段，又面对变化如此之大的时代，女孩要好好成长，是真的不容易啊！

此时，不管来自外界的压力多么大，不管内心多么波澜起伏，不管外界的诱惑多么富有吸引力，女孩都要把学习放在第一位，竭尽全力搞好学习。现实中，有那么多女孩做到了学习与青春一起飞扬，就在于她们懂得学习的重要意义，不断寻求高效学习的路径。成为赢家的女孩都热爱学习，有骨气、不娇气，主动学习、会听讲、讲究记忆方法、善于掌握解题技能、思维活跃，自尊、自信，她们懂得有意识地自我控制，堪称品学兼优。

好行为会有好结果。女孩走在高效学习的路上，逐渐地，她们心中想成为的那个自己、期待的那个世界有了轮廓，清晰到让她们感动。她们庆幸自己做对了：把努力学习当成当下的成长目标，未来才会充满希望！

目录

第1章

青春期女孩自信派

——努力学习，提升自尊

　　女孩如何才能够积极地面对她们所处的环境，把学习这件事情搞好呢？首先就是要有自信，觉得自己行，即使遇到困难也不退缩，越学越来劲。

高效学习，女孩不迷茫

寒假，晴晴去课外辅导班上课，在那里，她见到了学校里很多同学，那情景就跟开学了一样。晴晴本不想去上课，盼着假期好好玩一玩，刷刷新剧，画几幅画，再看几场电影，可是，妈妈唠唠叨叨地一定要她去："学费都交了，不去多可惜啊！"

晴晴到了辅导班，看到那比上学还热闹的阵势，她忍不住慨叹："学习太苦了，这么苦这么累，为什么大家都在学呢？这么辛苦地学习就能获得好成绩吗？获得好成绩就会有好前途吗？考上大学就前程似锦了吗？"

就这样，在不停地自问中，一节数学课结束了。晴晴不知道下节课讲什么，也懒得问同学，翻了几下书，感觉很没劲，趴桌子上睡着了。晴晴感到很迷茫。

高效学习让女孩更自信、拥有自我认同感

高效学习是指具有积极的学习态度，在学习过程中拥有较强的学习动机，能够自我调节学习节奏，达到较高效率的一种学习状态。当女孩养成了高效学习的习惯后，她会因为在学习上的优异表现而产生较强的自我价值感，拥有自我认同感，她会为自己感到自信和骄傲。此时，女孩就拥有了对自我的一种积极的情感体验、一种较高的评价。

自尊对青春期女孩来讲非常重要。研究显示，青少年的自我评价和他们的行为表现之间具有高相关性。在学校里，一个低自尊的女孩更有可能做出破坏性或者违规犯法的行为。个体在这个消极过程中，条件性地形成了一种看待自己，以及自己与社会系统的关系的方式，这个消极的过程导致了一系列消极的态度。

反之，一个高自尊的女孩更有可能做出建设性、符合社会期待的亲社会行为。个体在做这些积极行为的过程中，同样条件性地形成了一种看待自己，以及自己与社会系统的关系方式，这些积极的行为过程使得女孩的态度更加积极，即使她们遭遇那些消极情境的时候，因为拥有恰当的归因方式，追求的是积极的自

我实现，也不会做出消极的事情。

高效学习使得女孩在学校取得成功，她们因而感到自信，拥有自尊，反之，女孩可能会走向危机状态，因为一种特定的行为、态度或者是某种缺失，会成为随后出现的问题行为的始作俑者。当青春期女孩没有做到足够热爱学习的时候，迎接她们的一定不是学习顺利、自我爱惜、远离危险。因为任何一种不合规矩的行为都可能成为刺激源，带来更具伤害性的危机，比如暴力、欺凌、吸毒、辍学、厌学、早孕、药物滥用等。有研究显示，具有这些危机的学生最为明显的特征就是在学业上没有成就。

对于青春期女孩来讲，当下的学习，除了获得知识，参加中、高考角逐以外，更重要的是使得自己学会学习，这是未来实现目标的保证。对于学生来讲，学习是一件最具有高回报率的事情，学习好了，女孩拥有校园归属感，会更自信，更具有自尊和自我认同感。

自我认同感是心理学家埃里克森理论中的一个重要概念，是指"一种熟悉自身的感觉，一种知道个人未来目标的感觉，一种从信赖的人身上获得所期待、认可的内在自信"。这个认识的过程并不容易，也不平坦，有人用蝉蜕壳、毛毛虫蜕变成蝴蝶来形容这个过程的不容易，所以，女孩越早了解这个过程，懂得怎么做才能使得这个过程走得更平坦，越能更好地长大。

把学习当第一位的事情

青春期女孩处于成长转折期的特定阶段，这个时候，她们必须把学习当成第一位的事情，这样才能抵抗住内心的波澜和外界的诱惑，去倾听内心的声音，顺利走向成熟。

1. 成长的课堂，不仅仅是教室

青春期女孩正处于成长为有责任感和有活力的成年人的过程中，在这期间，她们需要做正确的事情去成就较好的品质，全方位、多角度地了解自己是个什么样的人。

按照马斯洛需要层次理论，人生的最高境界是自我实现的需要。对女孩来讲，学习是重要的事情，但却不能眼里只有学习，因为成长的课堂不仅仅是教室。女孩还要交友、运动、参加社会活动、读课外书等，丰富多彩的生活能满足女孩的情感、社交、爱的需要，更有利于她们通过外界的眼光来反观自己，了解社会，追求更高的人生境界。

2.正视小挫折很正常

青春期女孩由于身心发育的不同步性、学习任务重、生理上的感受等方面的原因，导致了她们在压力情境下有可能会感到失望、害怕、生气、不公平，甚至绝望。面对压力情境，女孩要做到积极对待，寻找解决问题的方法，而不是逃避，更不要感到绝望。

在这个世界上，任何人都会遇到挫折，对待挫折的最佳方式就是解决问题，提升自己的能力，战胜挫折。回头望望，你就会明白：哪里有什么挫折，分明是有困难的任务、进步的阶梯。

3.克制情感的情绪化

在青少年早期，大脑额叶发育的不成熟性使得情感压倒理智，这使得年轻人容易做出不明智的选择，使得一些青少年无法听取在成年人看来合理又有说服力的忠告，容易追求兴奋和做出新奇的行为。

青春期女孩要充分了解自己限于大脑发育而导致的行为上的不够理性，不管内心多么波澜起伏，都应坚持把学习当成第一位的事情，时间久了就会发现，学习可以镇静、安神，改变心情。

自信起来，学习不再难

琪琪经常想："我个子不高，皮肤不够白皙，学习一般，还没什么才艺，真是一朵不开的花啊。不开花，就没桃花。"自我感觉平凡使得琪琪变得沉默，淡然的样子就像晴空上飘动的云朵。

琪琪的梦想里也有鲜花、掌声，也想成为一名女神，可是，看看自己，叹口气，还是做个普通的女孩，过普通人的日子吧。

某一天，琪琪变了。

那天，琪琪在地铁站遇到一位老奶奶，老奶奶拎着一个很大的包，上楼很费力，琪琪帮助了老奶奶，老奶奶微笑着说："真是一位好姑娘！善良、美丽！好好学习，有前途。"老奶奶竖起的大拇指点亮了琪琪的心灯。

老奶奶的笑容让琪琪的心里暖暖的。上数学课的时候，老师让同学去黑板上演示解题过程。琪琪举起手的那一刻，老师喊了她。起初，她还有点胆怯，等做完题回来，看着黑板上自己一笔一画写出来的内容，觉得特别好。老师评价她思路严谨，字迹清晰、娟秀！

那一刻，琪琪感觉做个优等生没有那么难，还很美好。她决心努力学习，成为一名优等生。

怀揣着成为优等生的梦想，琪琪铆足劲地学！成绩也是突飞猛进。大家都很奇怪她怎么会有这么大的变化，只有她自己心里清楚："相信自己行，努力去做，就真的行了。"

自信是学习进步的心理基础

很多女孩成绩不行，不是智商问题，也不是不想获得好成绩，而是觉得自己不行，于是就放弃了努力，本来就有的"白天鹅"潜质被埋没后，就自认为是天生的"丑小鸭"。不是不行，而是没有自信，觉得自己不行，就真的不行了。所以，女孩一定要有自信。

自信心是在成长过程中一点一点地建立起来的，是经历了无数次的成功体验后觉得自己能做一些事情、具有一定的能力、能攻克某些困难的积极判断。孩子进入青春期以后，也就步入了新的成长阶段，直至18岁，他们都在努力去实现人格的自我同一性，搞清自己是谁，有什么特长，将来能做什么。如果女孩很自信，做什么都竭尽全力，获得过很多成功，那么，她们就会给自己一个恰当、积极的评价，对未来就更加充满信心。

自信是在自我评价过程中建立起的一种积极态度，自信的人具有较强的自我效能感，对自己充满信心。面对一个任务，能做出积极的判断，搞得清怎么做，自己行不行，然后付诸行动。我们经常从一些人身上看到一股强大的"拼劲"和"狠劲"，那就是自信心激发的力量。

学习总会遇到困难，如何面对，全在有无自信。没有自信，就会悲观失望，觉得自己不具备学习的能力，不愿意继续学习下去；如果有自信，就能振奋精神，燃起斗志，学习上就没有跨不过去的坎。

自信影响一个人的行为态度，能让人坚持做自己想做的事情，努力把事情做成。心理学家做了一个实验，把自尊作为一个指标，把心理健康作为另一个指标，两个指标一测定，两个数据存在统计学里面的"高相关"。这说明，失去自信，自尊水平低，会影响心理健康。

在学习上，告诉自己：我能行

当中学生觉得自己行的时候，已经懂得了做事情只要肯努力就一定有收获，而且他们不怕失败，所以，面对学习任务，就不会畏惧，能够竭尽全力去完成。如果女孩没有这样的自信，那么，可以通过以下方法提升自信。

1.学习时，把自己想象成胜利者

美国著名心理学家哈利·爱默生·佛斯迪克博士说过："生动地把自己想象成失败者，这就使你不能取胜；生动地把自己想象成胜利者，将带来无法估量的成功。"

作为一名学生，要学会在学习过程中把自己想象成一名成功者，遇到学习困难、被老师批评、考试成绩不理想等情况的时候，也不要与失败相联系，要认识到这是暂时的表现。考试前，更不要想象自己失败后会被父母训斥、被父母批评、比不过某位同学等情况，那样的话，只会给自己增加压力，让内心变得沉重，抑制大脑的工作效率，学习过程中注意、思维、记忆、判断和信息加工策略等水平降低。

如果女孩在学习过程中把自己想象成一名成功者，就能促进大脑的工作，最大限度地调动自己的潜能，大大提升学习效率。

2.定期总结学习情况

有位女大学生，谈学习心得的时候，她最得意的一件事就是每个月都要对自己的学习状态做一下自我评价，然后把评语写进事先编制好的表格里。她一共有两个表格，一个写优秀的表现，一个写不足的地方。每次看的时候，她都先看优秀的表格，然后看不足之处，既大大提升了自信，又找到了提高的目标。

女孩这么做有一定的科学道理。

心理学家赫洛克曾做过一个实验，他把参加实验者分成四个组，使其在四种不同诱因的情况下完成任务。第一组为表扬组，每次工作后予以表扬和鼓励；第二组为受训组，每次工作后严加训斥；第三组为被忽视组，不予评价，只让其静听其他两组受表扬和挨批评；第四组为控制组，让他们与前三组隔离，不予任何评价。得出的结果是这样的：表扬组、受训组、被忽视组的成绩均优于控制组；表扬组和受训组明显优于被忽视组，而表扬组的成绩不断上升。这个实验告诉我们，及时对工作结果进行评价，能强化工作动机，促进工作开展。适当表扬的效果明显优于批评，而批评的效果比不予任何评价的效果好。

自己在意自己的学习，不断看到自己的成绩，并给以自我鼓励，就能提升自信。受此启发，女孩可以定期总结学习经验，找到优势，自我鼓励。一个月总结一次或者三个月总结一次都可以。

3.学会面对自己的差距，正视他人优势

人与人总会有些差距，这是一个客观现实。面对自己和他人的差距，女孩要做到内心淡定，不盲目自卑，更不嫉妒，而是平静地为他人鼓掌，向对方学习。

高云学习成绩一直很好，组织能力也不错，在班里担任班长职务。升入中学后，班级同学有了很大变动，有很多来自外校的同学，选班长的时候，高云落选了，受此重创，她心里拧着个疙瘩，不甘心。郁闷了几天后，高云想开了，她较多地关注了那个当选班长的同学的闪光点——热情、努力、开朗，体育好，学习成绩也不错，很适合当班长！从这以后，高云更加努力了。

女孩要学会把比自己优秀的人当榜样，这样就不会有"失颜色"的感觉，更不会因此而嫉妒或者自卑，而是促使自己进步。

够到那颗幸运星

晓燕是一名初一的学生，很有歌唱天赋，一首新歌听几遍就能学会。但是，她从没有展示过自己的歌喉，也没把这当成自己的特长。晓燕成绩不突出，她常常担心自己的未来，有时很迷茫。一次班里郊游，大家玩累了，坐在草地上休息，晓燕轻轻哼起了歌，婉转的歌声惊呆了师生。校庆的时候，老师坚持让晓燕出一个独唱节目，结果晓燕的表演获得了满堂彩！

从此以后，每当学校或者班里有活动，晓燕都受邀表演节目，还经常走出校门参加各种歌唱比赛，晓燕成了学校里的"小明星"！自从妈妈提出让她将来学习声乐以后，她变得很忙碌，很快乐，比以前更自信了。她决定将来考艺术类大学，有了这样的梦想，晓燕学习文化课劲头也很足！

摩西奶奶效应：发展优势智能

心理学界有个著名的摩西奶奶效应。享誉世界的美国艺术家摩西奶奶成名很晚，直到暮年她才发现自己有惊人的艺术天赋。75岁那年，她开始学画，80岁那年，她举行了首次个人画展。

摩西奶奶的成功给了人们很大的启示：每个人都有优势智能，发现并努力挖掘，就会成为某方面的杰出人才。虽然金子总能发光，但是早成才和晚成才的人生会大不同，所以，尽早发现优势智能，更利于成就人生的辉煌。

2008年8月，美国女子篮球队夺得了北京奥运会篮球赛的冠军。其中有一名队员叫塔米卡·凯金斯，她天生听觉受损。她3岁时，父母带她配了一副大而笨重的助听器，她的生活里才有了声音。小学后，她讨厌同学们的取笑，一怒之下扔掉了助听器。凯金斯过上了不使用助听器的生活。她渐渐发现自己非常擅长唇读。后来，凯金斯爱上了篮球，篮球让她找到了自信。凯金斯说："当你在比赛中准确地投进3分球时，没有人会介意你的听力是好还是坏。"凯金斯顺利地进入了征战伦敦奥运会的美国女篮代表队。凯金斯说："每一个人都是特别的，只要把握好自己，他们同样会得到上天的眷顾，美好的事情也将会发生。"

一个人能否很好地发展自己的优势智能，有一个先决条件，就是找到自己的兴趣、特长，然后坚持发展下去，即使发展过程中遇到阻碍，只要坚持，终能守得云开见月明。

每个人都有一颗让自己发光的幸运星，摩西奶奶的幸运星是绘画，凯斯金的幸运星是打篮球。

美国哈佛大学教育研究院的心理发展学家霍华德·加德纳将人的智能分为8个方面，即语言智能、音乐智能、数学逻辑智能、空间智能、肢体运动智能、内省智能、人际关系智能和自然观察智能，每个孩子都拥有不同的优势智能组合。

人们受习惯思维影响，可能会用学习成绩来评判一个学生有没有优势，使得很多成绩暂时不理想的学生受到打击。女孩要从这种思维定式中解放出来，努力寻找自己的优势智能，那些自己做起来不费劲又特别喜欢，而且擅长的事情，很可能是你的幸运星。

每个人都有优势，可能是肢体运动智能，也可能是语言智能，还可能是音乐智能，每个人都或多或少地存在某方面的优势。女孩要明白，不管什么优势智能，都是上天的偏爱，是生命的闪光点，能为一个人的未来发展提供更大的可能性。女孩要学会重视优势智能，努力发展优势智能。

发挥优势智能的力量

俄罗斯著名作家格拉宁说："如果每个人都能知道自己干什么，那么生活会变得多么好！因为每个人的能力都比他自己感觉到的大得多。"知道自己干什么的前提是找到自己的"亮点"，这是学生时代一定要做的事情。

1. 每个人都有学习的天赋

对于中学生来讲，没有谁是不会学习的。如果女孩的学习成绩不是很优异，也不要怀疑自己的智商达不到正常学习的标准。

美国心理学家普罗克特和托尔曼研究得出，学生智力因素与学习呈现中等程度的相关，而且，智商与学业成绩的相关随年级的上升，相关系数呈现逐步降低的趋势。

所以，每个人都有学习的天赋，女孩只要足够努力，就能获得期待的结果。如果女孩把努力的方向确定在自己的特长与兴趣方面，那么，摩西奶奶效应就会降临了。

2. 重视自己的优势智能

优势智能的范围很广泛，音乐、美术、绘画、思维、统筹、语言、数学，等等。不管自己在哪方面有优势，都是人生的助推器。

有些人看不到自己的优势，可能不够悦纳自己。能够悦纳自己的人有自尊，一个自卑的人处处觉得自己不行，看别人比自己好，明明能够胜任的事情也没有信心去做。女孩要学会悦纳自己，找到并发展自己的优势，能提升自信。

3. 总有一科成绩不错

即使单单看正在学习的科目，数学、语文、英语、物理，女孩总有一科或者几科成绩比较突出，学着比较轻松。也总有一些女孩因为担心总成绩而对单科成绩不好耿耿于怀，面对这种情况，找"亮点"更利于学习情况的良性循环。

心理学上有个著名的木桶法则：一只沿口不齐的木桶，它盛水的多少，不在于木桶上那块最长的木板，而在于最短的那块木板。要想多盛水，不是增加最长的那块木板的长度，而是要下功夫依次补齐木桶上的短板。这样，弱的部分才不会拖了整体的后腿。

如何把弱科变成强科？从心理上建立自信，把弱科当成未来的"强科"，用学习强科的劲头去学习，比学习强科更细心、更耐心，努力一段时间后，弱科一定会有起色，学习起来更省劲，就更爱学了。

不妨自恋一下：建个"学习经验宝库"

有个女孩以优异的成绩考入了北京师范大学，女孩从中学的时候起就擅长理科，对文科有厌烦情绪，特别是地理和历史的成绩一直不理想。

一次地理考试只得了 73 分，她大受刺激，觉得自己不应该考这么低分。父母安慰女儿："没什么的，有一科弱项补起来并不难。平时努力学习，考试前好好复习，一定能考个好成绩。"

又一次测试，提前两周，妈妈就指导女儿一章一章地复习，找到重要知识点。女儿背诵完，妈妈提问，一次记不住重来一次，最多要弄三四遍后才能对答如流！这时，女孩有了点信心，最起码对地理的恐惧情绪没有了。

女孩把学习其他科目的经验用到了地理上，比如，为了巩固记忆，她把地理知识与当下的热点事件联系起来，如果在微信、微博里看到相关信息，就去联想学过的内容，想不起来，就翻书看看；再如，她采用比较记忆的方法，总结出一些知识的共性特点，在此基础上根据实际题目添加上个性的内容，记忆起来就很清楚了。

地理成绩好起来后，女孩把学习地理的经验应用到历史上，几个月后，历史成绩也有了很大的进步。

成功的学习体验能提升自信

学习是一件越努力学越想学的事情，因为努力能促使进步，让人产生一种满足感。成功的学习体验能提升自信。自我体验会使得自我认识转化为信念，指导一个人的言行，成功的学习体验能产生骄傲、自豪的情绪，增加行为发生的频率。

心理学家格维尔茨做了一项研究，他事先准备了几套难度不等的学习题目，由学生们自由选择解答。他发现，能力较强的学生解决了一类中一个问题之后便不再挑选类似难度的题目了。

做对一道题目，学生看到的是自己的能力，满足感使其自信心大增、征服欲望变强，便不愿意再解决相似的问题，而是挑选较复杂、艰难的问题来解决。这就是努力后的成功效应。

学习经验是在学习过程中不断累积起来的。所谓的经验，不是高大上的"最强大脑"，而是促使学习进步的一个又一个小方法。解决了一个学习难题，完成了学习任务，就能心有感悟，这就是宝贵的经验。比如，背诵文章时，遇到了难背诵的段落，找到了一个好方法，比平时少用十几分钟就背会了，会觉得背诵不是那么难，以后遇到背诵任务，就能积极地找方法。

在不断学习的过程中，女孩会积累很多成功的经验，不断总结，不断发扬，学习能力不断获得提升，自信心更强。

建立一个学习经验宝库

建立一个学习经验宝库，在不断地反思和总结的过程中，对学习的认识提高，获得的学习经验增多，学习能力会变得更强大！

1. 总结一天的表现

上一天学，做了什么，学了什么？在校园里，有什么突出的或者自我感觉欣慰的表现？好的，为什么好？差的，为什么差？好好反思，定能总结出一两条有关学习的经验。

日当三省吾身，每天都要思考一下关于学习方面的进步，找到进步的原因，写在准备好的本子上。一天两天，准能写满一本，一本的学习经验，反复阅读，脑子里一定会留下一些好的学习方法。

还有一些总结学习经验的好时机：每次考试公布成绩后、老师订正作业的时候、完成一个学习任务后、弱项成绩获得了提高后，等等。

雅妃虽然成绩不错，但是她有一个弱项，那就是记不住理科的定理，即使能够理解，也记不住；或者当时记住了，过后就忘。她下苦力背诵，每次都是记住几天后就忘记了。后来，她发现了一个好方法，就是背诵下来后默写几遍，做一些相关题目。过几天，复习一下，记忆牢固多了！雅妃总结了一个记忆方法，"背诵、写、回忆、回忆、回忆"，记忆效果好多了。

2. 经验诞生于积极努力的学习过程中

积极努力地学习没那么难，就像农民每天兢兢业业种田、画家不断写生创造画作一样，全身心投入课堂听讲、写作业等学习过程中，尽全力掌握所学知识，就是积极努力的学习。在这个过程中，不断有新的感悟，会发现更高明、更简便的理解、记忆、解题方法。学习经验多，学习能力就增强了。

学习过程无外乎预习、听课、课后复习、写作业、复习等。最初，很多女孩可能会循规蹈矩地去做，时间久了，有了一定的学习经验后，特别是学习成绩不错的女孩，她们就能把学习过程的某两步或者三步合并在一起，既节省时间又提高效率。对于那些特别擅长的科目，学习起来非常轻松，在时间紧迫的情况下她们会省略预习这个步骤，有时还会把课后复习和写作业这两个步骤一起来进行。

不要做"学业自我妨碍"者

初二年级的几次大考，班里杀出了一匹"黑马"，她就是高冰冰。两次季度考、一次期中考，她都在前五名行列，这样的变化惊艳了老师、同学！

初一的时候，高冰冰只是班里的中等生，有时候会偏上一些，从没进过前五名，如今却有了这么大的变化，难怪大家惊讶。老师在家长会上说："我希望同学们向高冰冰学习，无论当下成绩高低，自己是否满意，不失去信心和勇气，就能成为优等生！"

成绩不高，不意味着永远不高

成长是一个心理上不断成熟的过程，在这个过程中女孩会不断地认识自己，发展自己，修正自己，从而成就一个最适合的自己，达到身心和谐统一。

在学习阶段，这个自我认识的过程中最为主要的一部分是对自己学习能力的认识，也称"学业自我"。"学业自我"属于自我认识的重要内容，是在学习的过程中逐渐建立起来的一个比较稳定的看法，影响着学习思想、学习态度和学习行为。当一种学习思想妨碍了学习行为，使得女孩不够积极努力地学习的时候，就难以形成良好的自我认识，心理学上把这样的行为称为"学业自我妨碍"。

如果女孩形成了积极的"学业自我"，她们倾向于努力就能学习好，认为自己具备良好的学习能力。在学习过程中，不会太沉迷学习成功后的快乐，更不会因害怕失败的体验而不敢挑战难一些的知识，或者躲避自己不擅长的部分；她们能够积极努力地挑战学习任务，失败了也不会气馁。

优等生的共性是能够给自己一个客观的评价，看得到自己的优点，也能接纳自己的缺点；分得清自己和他人的差距，能够心平气和地完善自己。他们能够认识到成绩不高不意味着永远不高，只要努力，就能提高。

如果女孩没能形成积极的"学业自我"，就会忽视自己的优点，只能看到弱点。当考试成绩不好的时候，她们很容易被负面情绪困扰，无法深入思考为什么成绩差，一次、两次的负性认识后，就丧失了自信心。深究这种认识背后的因素，绝不是一两次考试失利造成的，而是对考试失利的错误认知导致的。有哪些错误的认知呢？以偏概全，一两次考不好就觉得自己永远考不好；过度概括化，一次学习失误就认为自己永远会失败。

如果改变一下认知，情况会大不一样。考试失败时，获得了差成绩，就围绕这次考试失利查找原因：最近的学习状态不够好？没有扎实掌握住知识？记忆不够牢固？理解不正确？找到原因，努力改正，成绩提高上去，自信心随之也就提高了。

直面成绩，建立积极的自我认知

所谓直面，就是直接面对，以真诚而客观的态度评价眼下的成绩，不夸大、不悲观，这样，当成绩不够优异的时候，就能够就事论事地寻找原因，想办法解决。

1. 悦纳当下的状态，相信明天更完美

我们该以什么样的态度学习？不管当下是否出色，相信将来都会是美好的。于是，在学习中的感受就会是开心而不会是忧愁、是享受而不是受苦、是爱自己而不是恨自己，想明白这些，就不会因为自己一次成绩差否定自己，而是能开心地接受当下的状态，把自己视为一个有潜能的人，不断发展，明天一定比今天更优秀。

2. 扩展生活范围，学习他人的优点

女孩接触过的人、经历的事情越多，对人世百态越有更丰富的认识。中学生需要有自己的交际圈子，在与同龄人交往的过程中，女孩越见多识广，越能客观地评价自己。不断发现身上的闪光点，学习他人的优点，就能提高，就有自信。

3. 给坏事变脸

学会悦纳自己，做过一件事后多找找收获。睿智的古人早就说过："祸兮福所倚，福兮祸所伏。"这么想，坏事就变了脸。即使遇到了难题，考了低分，收拾心情，集中精力，想办法攻破，就是收获。

4. 努力和成绩存在不同步性

有的时候，满怀着高高的期待，竭尽全力去学习，却没有收到预想的成果。这种情况，女孩不要伤心，也不要为此焦虑、担心。努力与成绩存在不同步性，努力后，一定有效果，但不一定能表现在成绩上，所以，努力后还有不会做的题目、搞不懂的知识点，很正常！只管继续努力就好了，某个时刻，好成绩一定会光临。

找人"代写"，伤了自尊，丢了自信

据媒体报道，有些中小学生寒假作业不会做或者做不完，就在网上查找答案，简单抄一下草草了事。对此，老师、家长很忧心，担心影响孩子的独立思考能力，影响对知识的掌握。

还有比这更令人头疼的情况，可能网上的资料满足不了学生的需求，或者上网太费劲了，有的孩子干脆雇人写作业。有位妈妈发现孩子上网时总是鬼鬼祟祟的，起了疑心，想看看她究竟在干什么，出其不意看过去，才知道女儿在雇人写作业，正在讨价还价呢！妈妈几乎气晕。

逃避作业，会丢掉学习上的自信

写作业是自己的事情，作业的存在价值在于学生通过写作业去掌握知识、提升学习能力，而这种学习态度完全让中学生丧失了发展自我的机会。

有的女孩迫于父母压力，但是又不愿意付出努力，于是就选择了自欺欺人的方法，让别人帮自己完成，特别是假期的时候，由于光顾着玩了，临近开学作业写不完了，就请人代写，风光了外在，虚荣了内在，最终丢了责任感。

学习是一个求知过程，写作业是其中的一个重要环节，在写作业的过程中，任何的虚假、不实都是对学生身份的亵渎。当女孩不断地找人代写作业时，她的行为与社会正能量背道而驰，就会对此做出消极的评价，产生自卑感。女孩越是感到自卑，越在学习的过程中处于被动状态，越写不好作业，就更加不愿意写。

女孩要懂得，写作业的价值和学习的价值的一致性就在于能够促进成长，它可以使得前途更加美好，使得自己在校园里能够被重视，能够更好地融入到校园生活中去。

尊重学生身份，踏实写作业

学习是学生的本分，老老实实地学习终会学有所成，在这个过程中，踏实学习，自信心会增强。

1. 把写作业纳入学习目标中去

女孩要把写作业纳入学习目标当中去，发挥目标对学习的导向作用。女孩树立起掌握知识的目标，这样，她们关注的是有没有掌握住所学知识，她们会迫切地需要用写作业的方式来检验，如果完成作业不是很顺利，她们就趁此机会复习。

当女孩认为学习是为了掌握知识的时候，即使真的有事情不能完成作业，她们也不会抄袭，而是选择在有时间的时候把作业补上。

2. 养成自己写的习惯

读中学后课程知识点变多，抽象性也增强了，显得比较枯燥，不要恐惧，你已经是中学生了，长大了，身体功能增强，大脑思维能力增强，有能力应对。

写作业是自己的事情，坚决拒绝上网抄作业、找人代写作业、抄袭同学的作业这样的事情，应独自耐心琢磨，一丝不苟地去完成。在写作业的过程中，体会到"完成"的满足感，就更愿意写下去。

养成了自己写作业的习惯后，即使时间紧、作业比较多，也会坚持自己完成，即使有人帮忙，也不会接受。

3. 即使做错，也不上网搜答案

学习是个掌握知识的过程，这个过程会遇到记不住、理解发生错误等情况。不管是写作业还是考试，错误都是在提示我们哪块知识没有掌握住。这个时候，应抓紧时间纠正错误认识，建立正确认识。

如果平时遇到不会做的题就借助数码产品，那将大大降低独立思考能力，使得整体学习能力下降。那么，从现在开始就独立起来，在家写作业的时候，不要开着电脑或把手机放在身边。如果有的作业需要查阅一些资料，要管住自己不聊天、不浏览无关网页，快速地回到作业中来。学习是一件有趣的事情，当女孩在写作业的过程中享受到了做题有对有错、独立思考的快乐，就不屑于使用一些网络软件来帮忙了。

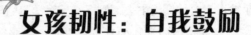

女孩韧性：自我鼓励

班里要选择三名同学去参加英语比赛。沫沫喜欢英语，在校园里英语成绩也不错，日常的英语辅导课一次都没落过，还坚持阅读英文书籍，最重要的是，她未来想成为一名翻译，所以她特别想参加。可是，她心理有点怯，为什么呢？老师要选择三名同学去参加比赛，数数班里的优等生，自己可排不上号啊，叹口气，还是算了吧。可是，她心有不甘，她觉得自己行，自己虽然全科不是很牛，但是，英语经常考班级前三名啊，沫沫翻出自己的英语试卷以及成绩卡，很是有说服力。她告诉自己："既然自己行，就要行动。"在不断的思想斗争后，沫沫报名了，报完后，她内心轻松了许多，她为自己做出的决定而感动。

接下来，沫沫进行了充分的准备，加上平时基础扎实，比赛的时候，获得了第一名的好成绩。

自励型人格能够增强自信

在学习过程中，有的同学越学越有信心，最终成长为优等生，就在于他们有韧性，把失败当成进步的阶梯，追求的永远是进步。女孩千万不要认为优等生天生就成绩好、自信爆棚，和其他同学一样，他们也有成绩差或者遇到困难的时候，这个时候，他们不气馁，不觉得自己不行，而是不断地自我鼓励，抓紧时间让自己好起来，把事情完成。当一个人不断地自我鼓励，在自我鼓励的过程中就会形成自励型人格。女孩也一样，面对学习上的高地，鼓励自己去挑战这一过程，就战胜了恐惧，获得了自信。

人格是一个人的思想、行为的特有模式，是一个人区别于他人的稳定而统一的心理品质。人格的形成在于行为的塑造，如果女孩在学习上总是呈现出进步的态势，那么，她的自信心也会不断地增强。

自励型人格的突出特点是不轻言失败，更不会轻易气馁，能很快将学习、工作、生活中的压力转化为自我励志的动力，并在不断的奋斗中获得精神上的满足。自励型人格的人还很善于升华个人的精神痛苦，把每一次生活挫折都当成个人成长的契机，从而磨炼个人的意志，更加对自己充满信心。

辛自强、池丽萍等对119篇采用罗森伯格自尊量表收集数据的研究报告进行了元分析，结果表明，青春期的孩子自尊水平基本呈现随年龄增长而上升的趋势。所以，女孩进入青春期后会对自己有较高的评价，想体验更高的自我价值感。当然了，她们也渴望去完成更加有难度的任务，有时，碍于面子害怕失败又有些徘徊，此时，女孩要学会自我鼓励、自我打气，获取成功以后会增强自信，此时，自尊水平也会提升。

女孩要学会鼓励自己

学习是一个获得知识的过程，是一个自我改变、自我提升的过程。女孩在这个过程中会遇到不能正确理解、接纳的知识点，不会做的题目，这时，自我鼓励才不会丧失自信。

1. 乐观，而不是悲观

当不良事件或者不如意的情况发生的时候，寻找导致不良情况发生的原因要以客观的态度去评价，而不是一味地责怪自己太笨、不够聪明，更不是归咎于环境的复杂。

悲观女孩要改变自己的归因方式，在学习上或者生活上对所发生的事情学会承担适当的责任，而不是在事情变得糟糕时一味地责怪自己。导致事情失败的因素很多，自身的、外界的，寻找到自己可以承担的那部分，并为之努力，女孩也就乐观起来了。如果把一次学习成绩不好归因于这次复习不够努力、知识掌握得不牢固，而不是题目太难、自己太笨，更利于女孩在学习上建立自信。

2. 对自己说"努力一下，我能行"

心中持有的信念对行为有很强的指导作用。学习过程中，感觉有难度的时候，告诉自己："努力一下，我能行！"这样，就不会轻易放弃。即使暂时性地被难住，也不要气馁，大胆去做，情况总会改观。女孩获取成功后会发现，行不行，就在于多坚持一会儿。只要有自信，相信自己行，就能够坚持下去。

3. 布置一个自我激励的房间

中学生都有自己独立的房间，在这方小天地里，享有很大的自由。女孩在布置房间的时候不妨营造一种向上、乐观的气氛，壁纸或者床单可以选择浅绿色。

在墙壁上贴几张自我激励的名言字画，比如"自信是成功的第一秘诀""不怕的人前面才有路""外在压力增加时，就应增强内在的动力"；还可以根据喜好贴几张能激励自己的名人漫画像，比如陈景润、爱因斯坦、周杰伦，等等，看到这些画像就可以想到这些人的成就以及成长史，能激励自己向前。

4. 多读名人的励志故事

中学生的心智虽然获得了很大的发展，他们也强烈地希望摆脱大人的管制做个独立的人，但是，他们的内心依然不够坚定，容易摇摆，这时，他们特别需要他人的指引。名人作为人们的精神榜样，对女孩的影响力也很大。

佳佳是一名初二的学生，一度感到学习吃力，心劲有些不足。那天她无意中读到了贝多芬的故事，使她的精神世界亮了起来。

30岁时，贝多芬爱上了一个伯爵小姐朱丽叶·琪查尔迪，但她的父亲嫌贝多芬出身低贱，硬是把女儿许配给了另一个伯爵。这给了贝多芬极大的精神刺激。更令人伤心的是，贝多芬的耳朵开始聋了。贝多芬曾竭力治疗，却无济于事，他搬到乡下疗养了两年。结果病情不但没有好转，反而更加恶化了，就连窗口对面的教堂钟声他都听不到了。听不见声音，这对一位作曲家来讲简直是致命的打击！深陷痛苦和绝望中的贝多芬告诉自己："我要扼住命运的咽喉。"

贝多芬因失恋而谱写出《致爱丽丝》，因向往自由而谱写出《第三交响曲》，因失聪而谱写出《第九交响曲》。贝多芬的经历感染了佳佳，她想到一个失聪的人却能写出人类最动听、最振奋的音乐篇章，自己有什么理由在学习上消沉呢？在不断的自我激励中，佳佳进步特别快！

第2章

青春期女孩语文派

——抓住优势：精心发展语言能力

　　语文学得好，就打下了学习的基础。语文学习是个长期积累的过程，既要重视课堂上语文老师的传授、讲解，也要看重课后阅读，更不能缺少自我练习。总之，既要强记又要活学，才能发展思维能力，提升语言表达能力。

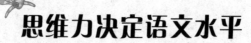

思维力决定语文水平

一提到陈菲，同学们都会想到她语文成绩特别好，是个小才女，阅读理解写出的答案特别准确，最令人羡慕的是她能写得一手好文章，博客更新不断，点击率特别高，笔下的文字让人陶醉，什么"春用滑腻的手指抚摸我的脸庞，痒痒的""躺在秋的怀抱里，心儿飘到了蓝天上，藏进云朵里"……

自从升入中学后，大家发现，陈菲不光语文优秀，其他科目的成绩较之以前也有了提升，总成绩跃居优等生行列。

学好语文，光靠背诵肯定不行

青春期女孩的智力发育进入形式运算阶段，此时，她们的思维不再受此时此地的局限，而是能够理解历史时间和"外星人"的空间，这时候抽象思维占据主要地位，所以初中生常常利用抽象符号作为学习的工具。此时，她们的思维能力更强了，能够对输入的刺激进行更深层次的加工，揭示事物之间的关系，形成概念，利用概念进行判断、推理，解决人们面临的各种问题。

比如，在中学代数的学习中，为了将数学信息从一种表征方式向另一种进行转换，学生必须理解这两种表征方式。用方程解应用题的时候，需要先理解应用题才能找出表达的数学关系，然后用代数符号系统生成方程式。在这个过程中，女孩的思维能力很关键。

思维能力决定着青春期女孩的学习力，不仅仅是数理化，还包括语文。由于思维能力提升，写出的文字更深刻而有哲理了。因为在感知、记忆、思考后，输出的语言是靠思维组织起来的，表达的内容也是思考后确定的。所以，女孩要想学好语文，写出精彩的文字，做出准确的表达，只背一些锦言妙句是不行的。

语文学习的显性表现就是听、说、读、写，但这方面能力的高低主要是由思维水平决定的。听说读写都要经过一系列多层次的分析、综合等思维过程。当语文作业很多的时候，女孩不要厌倦，因为大家就是这样在听说读写的实践中，通过对语言文字的理解和运用来优化思维方法、完善思维结构、提高思维能力的。

有人说，一流的学习语文的人把语文当作工具，二流的学习语文的人把语文当作知识，三流的学习语文的人认为语文没用。中学生要做一流的学习语文的人，掌握词汇、学会表达，用语文去表达思想、反映生活，让语文为学习、生活、工作服务。

语文学习也要注重思维，无论是记忆字词、掌握修辞格、背诵文言文等基础内容，还是阅读、写作，都需要分析、理解、归纳、总结等才能完成。思维能力不强，难以完成阅读理解、作文等习题。

在语文学习中，注重提升思维力

学习的终极目标就是运用所掌握的知识解决问题，问题解决是思维活动最一般的形式，提高思维能力，不仅是理科学习的任务，在语文学习中，也要注重提升思维力。

1. 多读书，读好书

我们从上学起就有语文课，一直到大学，还有大学语文的科目，足见语文学习是一个长期积累的过程。要学好语文，光读几册教材是远远不够的，还要大量阅读古今中外名著，增长知识，开阔视野，放飞思想。

阅读的时候要多动笔，写一遍对大脑的刺激相当于读几遍。在阅读的过程中，圈点札记、思考质疑、梳理注解、评论总结，博观约取，思考多了，思维就会缜密、灵活。

2. 多思考，提升解决问题的能力

在学习语文时，即使只学了一个新词语，也要多思考。思考什么呢？这个词怎么解释？这个词的同义词、反义词是什么？这个词在课文中做什么句子成分？在课文中出现在了哪个段落里？具体是什么意思？这个思考的过程，就锻炼了思维能力。

每篇文章都是由若干个自然段组成，先写出每个自然段的意思，然后合并成几个大段落，这个过程锻炼了分析、综合归纳能力。

考试的过程，其实是一个问题解决的过程。不管出题者把问题以哪种形式呈现出来，比如选择、问答、应用题、课文分析等，考察的都是运用所学知识解决问题的能力。要解决问题，就要按一定要求，遵循一定的规则找方法和途径，这个过程就是思维。

遇到问题，应开动脑筋想办法解决，而不是死记硬背老师的答案。

多寻找填空题、文学文本阅读的题目，在解决这些题目的过程中，要多问几个为什么，加深对语文知识的理解，加强寻找当前问题与过去相关问题的联系，归纳总结，思路会变得更开阔。

3.课堂学习以外，也要多动笔

苏霍姆林斯基说过："应该把读书笔记作为语文教学的重要内容之一。"女孩最好准备一个积累本，也可以叫读书思考笔记本，里面可以摘抄阅读到的好词好句好段，也可以写自己的阅读感悟或者读书困惑，平时的一些"碎碎念"也记录一下。只要坚持下去，不但倾诉了情感，表达了自我，还促进了身心健康，语言表达能力自然就提升了。

写作文时，怎么样才不会有词穷的感觉

一提起词汇，脑子里会出现很多的词，名词、动词、形容词、成语、歇后语，等等。还有那些用得特别精彩的词语，《孔乙己》中，"便排出九文大钱"。一个"排"字，便把孔乙己在那些"短衣帮"面前显示阔气、掩饰自己内心不安的心态描述得淋漓尽致。

比如，《四世同堂》中，"柳条上缀起鹅黄的碎点，大雁在空中排开队伍，长声的呼应着。一切都有了生意，只有北平的人还冻结在冰里"。一个"冻结"，把北平的荒凉、没有生气、不懂反抗刻画得精彩到位。

为什么自己一写作文就没词了，干瘪瘪总是那几句话？从作家们用词上可以看出，要想做到生动、形象地表达自己的思想、塑造出鲜明的人物形象，除了会用词，还要拥有丰富的词汇。

词汇丰富，善于应用

词汇是建构语言大厦的砖瓦，决定着词汇量的发展。

词汇量的积累同语言能力的发展成正比，词汇量越丰富，语言表达能力越强。词语是理解句子的基础和关键，从阅读文本的角度来说，对词汇的感知越熟练，词汇量越丰富，感受语言的能力就越强，阅读的速度就越快，理解的程度就越高。从表达的角度来说，词汇越丰富，用词就越准确生动，写出的文章就越高端。

对于女孩来讲，积累丰富的词汇和正确熟练地运用词汇的，是中学阶段语言能力结构的内外两个层面。

女孩千万不要觉得词汇丰富就是背熟、掌握了很多的词语，如果词语进入不了语言系统，不能恰当而准确地使用，就提高不了语言能力，顶多处于掌握的初级阶段。很多同学听写字词常得满分，而在阅读理解和写作文的时候却拿不到分，就是这个道理。

25

语言能力在运用词语上的表现，不仅是一个识记过程，而且更是一个组合应用过程。你语言能力的高低，一般不看词语识记量的多少，而要看遣词造句的水平。能够准确运用词汇表达自己的思想感情，如实地反映客观事物的形状，简练而不堆砌辞藻，做到朴实无华，才是熟练运用词语的体现。如果再能够做到生动形象，水平就更高了。"生动"就是表达能充分调动人们的形象思维，使表达具体形象可感。只有恰当选用词语、句式，使用修辞手法，才能使语言生动形象。

仓里有粮才能做饭！语言表达也一样。要想准确、生动、形象地运用语言，先要熟练掌握丰富的词语，知道怎么用，这样，才能准确地表达出自己的所思所想。

如何积累词汇最快捷

"不积跬步，无以至千里；不积小流，无以成江海。"积累和运用词汇是唇齿相依的事情。积累的词汇越多，可运用的词汇越多，运用得越熟练，记忆起来越轻松。在词语记忆上，汉语的语素具有强孤立性，增加了大量积累词汇的难度，我们更要讲究一些方法，以减轻记忆的难度。

1. 收集并整理词汇

初中语文教材的课文后面都有"读一读、写一写"，或叫"字词积累"的习题，这些字词既是基础，也是使用频率较高的词语，更是考试范围内的词语，要熟记会写，知道课文里是怎么用的。

中学生每年的阅读量很大，在阅读的时候，把认为好的词语、一些表现力很强的成语、生动活泼的谚语与歇后语、寓意深刻的格言与警句，以及古典诗文中的名句等摘录下来，有时间就读一读、写一写，回忆一下，牢牢记住后，写文章的时候就能用了。

凡是记忆都会遗忘，为了方便记忆，可以把整理好的字分门别类，比如，写人的归一类，写事的归一类，成语归一类，典故归一类，这样，采用比较的方法进行记忆会容易一些；写文章的时候，也方便查阅。

2. 读书与写作相结合

大量而广泛地阅读可帮助女孩接触更多的词语，是丰富词汇的重要途径。文言文行文简短精练、词语密集，熟读背诵文言文，能够积累词汇。

中学生已经进入了分散积累语汇的阶段，这时只有大量而广泛地速读，才能克服阅读量大而新词、新语复现时距长的缺陷。但速读的过程和结果如果不付诸书面表达，笔画繁多、结构复杂的汉字和孤立性强的词语就只是一晃即逝的过眼云烟，读过就忘了。读书与写作相结合，则可以对字词语汇进行强化并加速筛选行为的发展，弥补速读在词汇积累上的缺憾。以写作带动速读，增强了主动猎取知识的兴趣和独立分析的能力，"不动笔墨不读书"的好处就在于此。

3. 联想积累

一个人在休闲的时候，对着身边的景物想词语，或者回忆一篇学过的文章里的词语，再或者想一个成语，然后以前一个成语的后一个字作为下一个成语的头字接龙，这些方法都有利于温习已经学过的词语，把已有的词汇系统化和条理化。

张蕾喜欢在学习一篇文章后记忆文章里有代表性的关键词，然后把这些词串联起来，就是整篇文章的大概内容。比如，学了《苏州园林》后，她会说出因地制宜、自出心裁、胸中有丘壑、标本、鉴赏、布局、配合、映衬、层次、败笔、雷同、俯仰生姿、斟酌等词语。串联起来后，就是《苏州园林》的大概内容。介绍了苏州园林共同的特点，因地制宜、相互映衬、讲究层次、俯仰生姿，再现了它的画意美。

用主要词语串联起一篇文章，在文字的世界里"化繁为简""化简为繁"，不失为一场轻松的学习之旅啊！

4. 坚持练习，用好词语造句

每天选择两个以上自己认为最精彩的词汇，把这两个词语写出来，再造句，这样既积累了词汇，又能把字词用在句子中，一举两得。

中学阶段最常用的修辞手法有比喻、排比、引用、拟人、仿拟等。每天用一种修辞方式造个句，能大大提升修辞能力。

格言、谚语、俗语，能够为文章增添风采。女孩可以每天记一到两个，试着应用到语言表达中去，有利于掌握。

如何靠精读课文提升理解能力

下课前，老师让同学们预习下一篇文章《故乡》，要求同学们尽可能地把课文读懂。老师还留了一个问题：那个碗碟是闰土埋的吗？请说出理由。老师说，要放飞思维，联系上下文和文章的写作背景，认真思考，最好查阅一些相关资料。

"母亲说，那豆腐西施的杨二嫂，自从我家收拾行李以来，本是每日必到的，前天伊在灰堆里，掏出十多个碗碟来，议论之后，便定说是闰土埋着的，他可以在运灰的时候，一齐搬回家里去；杨二嫂发现了这件事，自己很以为功。"

周华一看课文，就想，怎么会是闰土埋的呢？他那么老实，不会干这种事情的，杨二嫂才有可能做这种事情呢。不需要查阅资料，就可以得出结论。于是很快就写下了答案。

第二天，小组谈论的时候，有的同学认为可能是闰土埋的，有的同学认为可能是杨二嫂埋的，还有同学认为可能是别人埋的，还有同学认为不能确定是谁埋的。最后有位同学说，谁埋的不好下定论，但作者要表达的人性的变化，甚至是扭曲的意图已经达到了。

大家谈论过后，周华觉得跟同学相比，自己理解得还是很浅啊，思考得不够深入。

语言水平的核心是理解

无论一个词还是一个句子，或者一段话，都表达一定的意思。能否正确理解语句的意思，取决于语言的学习能力和表达的水平。

人们理解语言的过程就是对语言材料进行加工，并在头脑中主动、积极地建构意义的过程。理解语言不仅依赖于对语言材料的正确感知，而且还依赖于人们已有的认知结构和各种形式的知识经验。一个人的阅读量越大，知识面越广，文化底蕴越丰富，理解能力就越强。

只有理解了字、词、句，才能掌握和运用，提升语言能力。学习新的词语、句子，需要特别下功夫。

教材中所选的古今中外的名家名篇，不仅是语言的典范，而且是思维的典范。这些映射着人类智慧光芒的伟大作品，是语文能力训练和素养提升的重要载体。学习这些文章不但要学习语言、理解内容，而且要学习作者的思维途径和方法；不仅要懂得文章的内容是通过怎样的思维途径和方法来实现的，还要懂得作者的思维成果（思想）是通过怎样的语言形式来表达的，反复读、反复思考，才能从语言和思维的结合上加深对课文的理解。

通过学课文，提升语言理解能力

理解是学好语言的重要方面，也是最容易被同学忽略的内容。很多学生在阅读的时候望文生义、一带而过，为此而出现理解不深或者理解有误的情况，不利于全面提高语言能力。为此，女孩要在理解上下功夫。

1. 理解词语

理解词语的时候既要准确又要灵活。理解词语最为常见的方法有三种：借助字典理解词语，这是在阅读过程中最为常见的理解方法；联系句子理解词语，这是在学习新的课文时常用的方法；联系上下文理解词语，这是在既没有字典也不能翻课本的考试的时候常用的方法。

2. 把字词放在语境中去理解

俗话说"字不离词，词不离句，句不离篇"，阅读一篇文章，如果只是孤立地掌握词语的意义，不联系上下文，有可能发生理解反了的情况，会闹出笑话。联系上下文，把握词语在具体语境中的意思，能更好地理解课文。

3. 在阅读中理解

读文章，到底读什么呢？一个文本呈现在眼前，要品读语言文字的意义和情味，体悟作品的深层含义。在此基础上，还要对作品的形象进行审美理解，从作品背景、形象的象征意义、典故和各种意境描绘的技法上去理解作者的主观情感，就属于深层次的理解了。

女孩要调动自己的知识、经验和情感，进行情感性的领悟，以达到审美理解：感知字面的基本意思；沿着文本的思路，品读语言文字的情味；在这个基础上，进一步过渡到对作品内容抽象、概括的理解上，就可以获得对整篇文章全面深刻的理性认识。

无论是对语言的感知还是对作品内容和形式的全面理解，目的都在于了解作品到底写了些什么，又是怎样来写的，快速搞清楚这些内容，语言理解能力就强了。

4. 划分段落，归纳大意

读完一篇文章，然后按照逻辑顺序进行段落层次划分，这是一件对理解能力要求很高、也很能锻炼理解能力的事情。当然了，还可以进行段落大意的概括、情节的梳理、人物的分析、中心思想的概括等。

为了促进对文章的理解，还可以在阅读的过程中对具体直观的形象进行抽象概括，或者把抽象的概念、思想转化为具体可感的形象。

比如"思念"是一个抽象的概念，我们用具体的形象来表述时就会生动丰富起来，既可以说"思念像春天的雨丝，柔柔的，总让人牵肠挂肚"，也可以说"思念像夏天的蝉声，充斥于整个天地，缠着绕着，想逃也逃不脱"。阅读作品，要让自己在文本中走一个来回，既要"入乎其内"，又须"出乎其外"。

从具体到抽象，从现象到本质，进行抽象和概括，通过多层次的分析、综合，实现对作品内容的全面深入理解。

5. 多做复述练习

复述是把读过的文本，看过的电影、戏剧，听到的消息、演讲等内容，用自己的语言叙述给别人听。当然，没有听众的情况下，高声讲出来也一样。这是锻炼语言理解能力、言语加工能力的一种较为有效的方法。

复述的时候，不一定要拘泥于原文，像背课文一样力求一字不差，而是用自己的话，换词语、换人称、换叙述次序，这个过程不但能提高组织语言、运用语言的能力，还能进一步深化对课文的理解。

你的作文水平怎么样

作文本发下来了，王慧看到了老师的评语："文字很流利，但是不够生动，感觉词汇量匮乏，故事缺少真实性。"王慧不理解，什么意思呢？她找到班里写作能力最强的同学给解释一下，同学读完作文后告诉她：作文有两个弱点，一个是没有表达出真情实感，故事与生活脱节，好像不是作者亲身经历的，更像发生在上一辈人身上的。另一个是很多话没用，空话、大话多，而且一个词语多次出现，比如"十分""特别"，显得词汇贫乏。

王慧服气，看来自己的写作能力还需要提升啊！

写作更体现语言功力

相对于读，写更见语言功力。写作的过程中，每一个字的表现都需要清晰，输出的时候还需要一丝不苟。

会读不一定会写，会写则读一般不成问题。就社会需要和生活中实际使用的读写来说，写作是更高一级的语言运用，比阅读更高，因而更难掌握。

认识的字不一定会写，知道怎么写，真正要写的时候不一定能写得出来。写作是对语形的再现，是"物—意—文"的双重转化，它不仅有类似或等同于由文到意的转化，而且还有由隐到显、由少到多、由散到整、由粗到精的转化。

写作是对信息的装载与输送，信息不同，表达的目的、内容、对象和场合不同，写作手段和技巧也不同。所以，写作是脑力与手力并用的操作。写作是比阅读更细致、更复杂、更有自主性和创造性的能力。

由此不难明白，为什么在生活中人们总喜欢用写作的好坏来衡量一个人语言能力的高低。在中学生语言能力发展的环节中，基础写作能力的发展是关键的难点。为什么有那么多学生努力学习，却写不好作文？很可能是综合运用各项能力的水平不够高。

加强练习，提高写作水平

对于一名中学生来讲，写不好作文着实头疼，更头疼的是找不到提高的方法。这里就讲几个提高写作水平着实有效的方法，女孩们踏实练习，就能改变写作上的困窘局面，写出一手好文章。

1. 做个勤于写作的人

要想写出好文章，有三点必不可少，一是运用语言的能力，二是感知世界的能力，三是有足够的知识储备。多写作可以帮助完善这三方面的能力。

女孩不要苦于没什么内容可写，把日常的观察、心得记录在博客里，过一段时间看一看，重新改一改，这个思维加工和整理的过程特别能够提高写作技巧。

写作的形式很多，比如写博客、写微博、写作文等都能锻炼写作能力，随时随地写出来，都是很好的练习。

2. 高标准要求自己

一篇优秀的作文，不仅需要上乘的立意选材、谋篇布局，更离不开好的语言。分析历年考试作文的评分标准，均把语言达到的等次作为作文等级评定的重要依据："语言要求通顺流畅，若语言达到某一等次，其他项稍次，仍在语言达到的等次内评分。"好语言要避免语句不通、用词不准、语言平淡、文脉滞断，甚至出现错别字等现象。平常进行写作练习时，要注意别犯这几个错误。

3. 进行改写、仿写训练，提高学生的写作技巧

有一种学习方式叫作认知学徒制，在写作方面，学生可以通过教师的训练或辅导、通过学习老师提供的范文来提升自己的写作水平。一段时间的改写和仿写的训练，可以让学生积累掌握一定的写作知识和技能。仿写训练的过程就是读写结合的过程。通过仿写，学生可认识领会范文的写作方法和作者观察、思考、表达的方式，吸取其中的思维成果和写作技巧，化为自己的修养和写作技能。仿写训练也可以提高学生的鉴赏能力、理解能力、表达能力。

4. 自由写作：想写什么写什么

心理学家研究表明，技能不是天生就会的，它是经过训练才逐渐形成的。技能的形成常以知识的积累为基础。每天写一段话，想写什么就写什么，实在没什么可写，可以摘抄一段，即使刚开始觉得没什么可写的，写不出来，也要强迫自己写，一段时间后，会有一种喜人的感受，不写点什么就觉得生活差了点什么。

在写作文的时候，会觉得有内容可写了，文字有深度了，不再漂浮着了，接地气了！

这就是课外练笔的好处。课外练笔能引导自己去关注人生，关注社会，了解自己的所思所想。女孩勤练笔除了能提高语言表达能力，还能丰富思想。

5. 互相批改

每次写作文，老师都会提出写作要求，以方便同学们学习，女孩除了在写作的过程中谨记写作要求，还可以和同学组成学习小组，互相检查对方的文章是否符合老师的要求。

同学之间写作水平相差较大，阅读他人的文章可以起到反观自己的写作水平的作用，从语言表达、思想情感、谋篇布局等方面来审阅，在看到别人的优势与劣势的时候，也能看到自己的缺点和不足。

写作文，成也审题，败也审题

一次语文测验，很多同学都考了低分，问题在于，他们的作文跑题了！

作文的要求是这样：以"他（她）激励我努力学习"为题，写一篇文章。题材不限，他（她）要求名人。结果，大部分同学写成了名人事迹、个人追星历程，却没写名人如何激励自己努力学习的经历、过程，更加缺乏对自己被激励前后的改变的描写。

老师感叹，这些孩子写作文的时候一点都不动脑筋啊。

审对题，才能有好立意

大部分孩子都是在看了作文要求后开始动笔写作的。但是，她们可能对审题这件事了解得并不透彻。女孩一定要知道，认真审题后，才知道要写什么，怎么写。

审题是写作文的开始，写好文章的第一步是对题意有个清楚、准确的了解。看错了题意，再好的文字、再精彩的布局、再感人的故事，都不能拿分。

审题，对题目的含义进行分析、研究，从而正确地把握问题，理解题意。作文的题目要求都很明确，以便于学生能够确定答题方式。审题是合理、正确解题的基础，是获取解题信息，最终达到圆满解题的第一步。审题需要以一定的知识水平为基础，更需要有良好的读题习惯、有效的思考方法为保证。

在审题的时候有轻视或者着急心理，就容易丢三落四，没有看清楚题目的意思，匆忙动手，用记忆里的某道题目代替眼前真正的题目，必然导致错误。"下笔千言，离题万里"。

先审好题目，才能正确立意。所谓立意就是确定文章的中心意思。主题是文章的灵魂，文章的立意、构思、表达都必须为主题服务，围绕主题来选择、确定。它有时跟审题同步进行，有时则是由审题而来，即所谓先审题而后立意，立意跟着审题来，准确审题才能保证立意正确。对立意的要求可简括为五个方面，用十个字概括就是正确、深刻、新颖、真实、集中。

审题能力就是正确思维的能力，包括分析和综合的能力。立意能力是确立自己所要表达主题的能力，是审题的结果，这种能力不是靠突击就能起效果的，需要早早锻炼。

如何提高作文的审题能力

审题就是要抠字眼，要一个字一个字、一个词一个词地分析，看它对写作有哪些暗示、要求和限制。审题是为了切题，只有把握准了，才能使作文不偏题。

1.审题时明确什么

审题就是推敲命题人的用意，推敲题目的含义和要求，明确该写成什么文体，该以哪种表达方式为主，该写些什么内容，该确定怎样的中心思想，该选用什么材料，先写什么后写什么，该以什么为重点，该表达怎样的感情等。

认真细致是审题中最重要的策略，结合作文要求，认真看作文题目，每一个字、词、句，都要仔细分析确切含意，快速确立一个主题，在大脑中构思出一篇文章的框架，包括谋篇布局、选择事件、叙述风格等。

2.多读两遍

审题时，只有逐字逐句地看清楚，才能从语法结构、逻辑关系等方面真正弄懂题意。

要养成遇到题目多读两遍的习惯，先粗读，再精读。粗读是初步了解题目的大概，讲述什么问题。精读，分句、分段逐字阅读，理解每句话的含义。精读时首先要边读边想，对重要的字、词、量标上记号，提醒自己注意，细心体会它们的含义。

找出关键词，并将该词勾画出来。关键词通常有两类，一类是题目条件结论中涉及的概念，这常常是实词；另一类则是应该予以警惕的一些词，往往是虚词，比如至少、至多、不少于等。

还有一些规律要懂得，如果题目中有表示时间、地点、人物、事件等要素的词语，应写成记叙文。但是，如果以事物名称作题目，则既可以写成记叙文，也可以写成说明文。题目中有"介绍""方法""规则""说明"等词语的，大都应写成说明文；题目中有"论""议""谈""说""喻""驳""斥""读""读后""观后""有感""启示"等词语的都应写成议论文；题目是个句子（包括反问句和无主句），蕴含某种哲理的，或者能表明某种看法或主张的，一般也应写成议论文；题目是个并列短语，题意要求说清并列的两方面的关系时，也要写成议论文；题目仅是一个词时，如果是人称代词或指人的名词，无疑是写人的记叙文；题目不完整时，得按题意要求，把题目补充完整再写作文；审题时要把所有条件和要求搞清楚，材料尽量全用上。要善于从限制中发现题目的"自由空间"，认真对待多重限制条件，要把握题面上的中心思想，做细致而深入的思考，努力探究它的含义。

第 3 章

青春期女孩理科派

——肯努力，按着理科特点来学

　　如果女孩能够按着理科科目的特点去学习，不急不躁，无论是记忆公式还是解答题目，或者分析实验，都不是难事。

解题的先决条件：掌握基础知识

老师说，明天要进行物理小测验。冰冰觉得自己已经掌握了所学知识，就没复习。不承想，答题的时候，卡壳了！

额定功率为 2W 的小灯泡 L 与一个阻值为 4Ω 的电阻 R 串联后接到电压为 6V 的电源上，小灯泡恰能正常发光。若通电 1 分钟，小灯泡产生的热量是多少？

冰冰当然知道这道题要用焦耳定律来计算，可是她怎么也想不起来公式是什么了。于是她又试着回忆焦耳定律的内容，还是搞不清楚。

哎！没办法，空着不答了。

基础知识决定理解力、解题力

基础知识是最基本的知识技能，包含运算、法则、各种基本规则等，是学习的基础。不管哪一科都有很多基础知识，要想掌握所学知识，在考试中取得好成绩，一定要牢固掌握基础知识。

基础知识就好比一条铁链，一环扣一环，相互之间密切相连。不管哪一部分掌握得不够牢固，都会导致知识链不够牢固，继续学习新知识，就是知识链断裂，学习难度系数递增。有的孩子学习状态一天不如一天，上课越来越听不懂，成绩一天比一天下滑，就是因为没有打好基础知识这个学习的地基，导致整个学习过程不畅通，最后对学习失去兴趣。

任何一科的学习都是在理解的基础上牢固地掌握必要的基本知识、技能后，迈向更深层次的理解和应用。解题靠的是理解和分析能力，要提升这两项能力就要透彻地理解基础知识，形成正确的知识结构，建立起知识间的联系。

有的孩子很重视基础知识学习，每个知识点都牢牢地掌握住了，觉得越学越轻松，学习进入一个良性发展的过程，会更加有自信。

历年高考的《考试说明》中都明确提出，注重基础，考查能力。任课老师也反复强调要打好基础，那么为什么还有那么多学生对基本知识掌握得模棱两可呢？原因很多，最为常见的就是不重视基础知识，掌握不够深刻，在基础知识方面功夫下得浅。

一看就懂或者觉得很熟悉，运用起来要么不够熟练，要么想不起来，要么记不准确，要么不敢确定，这就是基础知识掌握得不够牢固。

下功夫，扎实掌握基础知识

中学阶段，已经进入了一个既要掌握基础知识，又要能够运用基础知识解决问题的时期，掌握不住基础知识，就无法解题，难以获取好成绩。孩子想继续学习，脱颖而出，就必须把基础知识补回来。

1. 搞明白什么是基础知识

所谓基础知识就是课本上所讲的那些最基本的知识，理科类包括基本概念、基本理论、基本运算；文科类包括字音、字形、字义，词语辨析、标点、成语使用、病句辨析及修改、句子的清晰连贯得体和修辞，古诗文默写、浅显文言文的阅读和翻译等。这些内容都是课本上有、课堂上重点讲过的，女孩要记得一定在第一时间掌握。

这些知识内容很多，构建一棵知识树更便于记忆。如果每天都掌握住当天所讲内容，就不觉得多，而且觉得记忆起来很容易。每一个知识点都要牢牢掌握住，用到了能准确写出来。掌握基础需要理解、能运用，切忌死记硬背。

2. 一丝不苟地掌握基础知识

女孩不要等到考试丢分了才意识到基础知识的重要性，而应从学习那一天起就把掌握基础知识放在第一重要的位置上，不理解不放弃，不熟练不罢休。

文学家德拉梅尔从小就表现出了文学天赋。德拉梅尔怀抱作家梦，但不好高骛远，而是从基础学起，坚持不懈。为了能够准确使用词语，德拉梅尔刻苦研究各类语言工具书，他坚持每晚在从公司带回的废纸上练习，有时记录天气状况对蜜蜂、猩猩的影响；有时是描绘太阳升起的场景，他每晚都学习到深夜。在掌握了扎实的文学基本功后，德拉梅尔勇于通过模仿尝试创作作品。他仔细研究比较不同的写作手法，最终建立了自己的写作风格，成为一代名家。

3. 尽早巩固新知识

心理学中有个著名的易感效应，是指我们曾经学习过的东西，当再次遇到它时，就会更容易理解其中的意义。当女孩学了新知识后，赶在还没有遗忘之前，再次学习和应用，更易于觉察更精细的意义和微小差别，促进理解和记忆。

　　每天放学后，把当天所讲的基础知识复习一遍，直到记住为止。睡觉前，复习一下，建立知识结构，构成知识网络。学完一些课程，努力完成课后作业，也能巩固所学知识。课后作业是为了巩固课堂所学内容，是课堂活动的延伸。做作业促进了知识的"消化"过程，使知识的掌握进入到应用的高级阶段。通过写作业可以将课堂所学知识转化为学生自己的知识和能力。

你具备解题的基本能力吗

有位老师在一次监考后，发现了一个很大的问题——很多正在答题的学生其实不会答题！

在考场上，他看到有的学生早早答完了，就放松自己了，两眼盯着试卷，虽然在看但目光松散，显然没有动脑思考，只是看现在的结果，并没有真正地进入题目中，顶多检查了答题过程、答题思路是否正确，不能检查答题方法是否符合题意。

老师清楚地看到，在答题的时候，有的学生明显没有审清题意，连题干的内容都没看明白就做题了，做完了还信心满满的样子，检查时也没认真读题。

解题全过程：审题、解题、检查

不管做什么类型的题目，都需要有个做题的过程，一般的过程包括审题、解题、检查三个步骤，包含了思维、书写过程，缺了哪一个步骤，都会增加做错题的风险。

大部分做错的题目，如果当成新的题目，按照"审题、解题、检查"的步骤认真做一遍，可能会做对。这种情况不能算不会做，那么，为什么第一次没做对？

常见的情况有没审好题，看错题意了；以为做对了，就没检查。殊不知，做题的时候，如果不够认真，多么熟悉的题目都有可能出错，稍微一大意就有可能看不出当下题目和以往做过的题目的区别，这种情况下如果不检查，可能被题目"蒙"住。

即使审题、解题出了问题，如果做完题目后，将答案代入题目，就能发现错误，这时，重新做一遍，就能答对了。

"审题、解题、检查"是解题的基本过程，每一个步骤都扎实做好，解题的准确率就有了保证。基本题目解答得好，即使遇到难题也能从容面对。

养成"三步解题法"的习惯

"审题、解题、检查"是完成一道题目的基本过程,这个过程完成得好,整道题目就没问题。

1. 认真审题

审好题是迅速、正确解题的基础。认真审题一定要做到仔细不粗心,全面不疏漏,准确而不失误。女孩如果审题不仔细,就会出现看错条件、理解错误等情况,导致解题过程错误。

审题能力是在不断审题的过程中锻炼出来的,在平时写作业时,要多琢磨、细推敲、深思考。审题时首先通读题干,分清条件、要求、问题,以及相互之间的联系;其次要在脑海里思考解题思路、方法、步骤,要做到搞不懂题意不做题,不清楚方法步骤不下笔。

认真审题的次数越多,做对题目的概率越大。要想熟能生巧,就要主动总结不同学科、不同类型的题目审题的具体步骤、方法,慢慢地,审题能力就提高了。

2. 快速解题

人们常说,慢审题快答题。在审题的过程中,解题方法已经在脑海中了。下笔前,女孩要把解题的思路、步骤、方法在大脑里重新过一遍,或者写在草稿纸上,确定没错,就可以动笔写了。做题时,集中心思,就能一气呵成地按着审题思路写出来。女孩要记得,写的时候,按各学科的格式来,字迹工整,页面干净,不要勾勾抹抹。

3. 仔细检查

检查是做题的善后和思路再检验,一旦答题有错误,检查发现后,可以改正。检查时,先看题干,再看问题,确认自己的解答是否正确。然后再看细节,有没有错误。比如,理科有没有计算错误,文科有没有表达失误等。最后,检查格式是否符合要求、答案与题号是否对应。

最为常用的检查方法:逐步检查法,从审题开始,重新来一遍,即按照做题的步骤,一步一步进行检查,看有无错误。核对法,把做出的答案同参考答案或书上内容进行对照,看有无错误、遗漏。代入法,即将结果按着条件代入公式推导回去,看是否合适。

不同的学科还有许多不同的检查方法,要注意摸索、归纳、总结。

懂"数语"，学数学就不难了

李荼是一名高二的学生，从上学起文科一直特别好，就是数学不怎么样，升入高中后他就觉得数学更难了，高一那年他的数学成绩惨到极点，出现了几次不及格。高二后，数学成绩有了特别大的进步，考试成绩没低于130分过。

怎么会有这么大的变化呢？李荼说："高二分班后，开始考虑要读的大学了，面对这么差的数学成绩，我特别惶恐，担心考不上心仪的学校。于是，下狠心，特别努力学习数学。"

每次讲新课前，李荼都会预习，不是走马观花地看课本，而是认真地把课本学一遍，尽可能地理解，有理解不了的内容就记下来等到上课的时候认真听。如果预习的时候遇到不懂的旧知识，就会找出以前的课本重新学习。有了这样细心的预习，他就再也没有出现上课听不懂、走神、课后作业不会做的情况了。每次做课后作业都特别顺利、特别准确。李荼没有满足于会做课后习题，每天放学后，除了完成家庭作业，还会按计划复习已经学过的知识，把数学概念、公式背诵得特别熟练，抓紧时间做一些课外习题，遇到难题自己做不出来一定要求教老师或者同学，这么坚持几个月后，李荼的数学成绩就有了很大的提升。

在这期间，李荼还阅读了很多数学家的传记，陈景润、华罗庚、高斯、阿基米德、欧拉等等。李荼不但学到了这些人刻苦学习的精神，而且对数学的感觉也很亲切，不像以前那么惧怕了。

能否学好数学，在于数学阅读理解能力

数学是一门理性学科，研究的是现实社会的数量关系和空间形式，应用广泛、抽象、严谨。数学具有一定的抽象性，要学好数学，理解能力很重要。理解能力是提出问题、分析问题、解决问题的基础。阅读理解能力较强，读得准，读得快，而且理解得也快。有的老师分析了一些学生数学成绩不理想的原因，除了计算错误以外，不是漏掉了题目条件，就是画不出图形，甚至不理解

题意。

一道题目，为什么有的同学快速读懂了，有的同学抓耳挠腮，看不懂什么意思呢？区别在于对数学语言的掌握水平不一样。数学语言抽象、简洁，在阅读过程中，只有感知了材料中有关的数学符号、图形符号等，才能在阅读中实现语言频繁转换。理解的过程是一个内部语言的转化过程，最终要用自己的语言来理解数学定义或定理等，是对新知识的同化和顺应。

培根说，如智力不集中，可以读数学。因为学习数学的时候如果注意力不集中，就读不懂。数学学习需要女孩集中注意力，比如，阅读数学材料，需要具备较严密的逻辑思维能力，数学材料主要是以归纳和演绎的方式呈现，这样才能快速调动起记忆、理解、抽象、分析、归纳、类比、联想等思维活动。读的时候不宜太快，对于刚刚学会或者难度较大的定义、定理，更要反复仔细阅读，认真分析，才不至于出现理解错误。

掌握住数学语言，提升理解能力

数学语言包括概念、定理、课本上案例的解释说明以及证明过程、数学符号等，多阅读可丰富数学语言。

1. 遇到难题，阅读课本

美国著名心理学家布鲁诺认为："知识的获取是一个主动的过程，学习者不应是信息的被动接受者，而应该是知识获得的参与者。"

遇到难题，解答不出来，先不要向同学求助，翻开课本，好好看看例题，搞懂例题的做法，照猫画虎有利于找到解题思路，读一遍不懂，就再读一遍。

2. 积极完成老师布置的阅读任务

老师在讲新课前，会要求大家预习。讲完后，老师会留一点儿时间，让同学自己读一下课本。如果女孩能认真完成这两个任务，不但促进了听讲、理解消化所学知识，还能提升数学阅读能力。读得越多，阅读水平越高，掌握的数学语言越多。如果老师让带着问题阅读，女孩认真完成，收获就更大了。

数学教材每个单元后都会有几篇数学阅读材料，老师会布置阅读。老师让读的一定要读，读的时候，不要走马观花，要耐心、细致地读懂。

3. 带着问题阅读

阅读的时候，或者读完一遍后，女孩可以自己设置一些问题，一边阅读一边回答，有助于增强理解。问题可以是新知识是怎样引入的？与旧知识有什么联系？新知识解决什么问题？概念是如何得来的？实际背景是什么？概念的内涵与外延是什么？对易混淆概念如何辨析，能否举出正反例？定理的条件是什么？结论是什么？推导的总体思路是什么？是否还有其他的推导方法？条件是否可以减弱？结论是否可以推广？等等。

回答这些问题需要思考，思考是一个把以往知识同现在知识联系起来的过程，有助于巩固所学知识，加深理解。

不做题不数学

有人说，学好数学需要做题，一点没错！提高解题能力要靠练习。如果解题能力差，不管背诵多少公式、定理，都考不了高分。对于这一点，孙艳华深有体会。考了好几次低分后，她吸取以往的教训，新学期一开始，她就给自己制定了目标，每天做 10 道数学题，直到学习成绩提高到每次考试 90 分以上后，减少到每天 5 道。别说，还真管用！

学好数学的关键：解题能力

有一些孩子总是搞不定数学问题，使得他们的数学学习很费劲。问题是数学的心脏，掌握数学意味着什么？那就是善于解题。解题能力是综合获取信息、处理信息以解答问题的一种能力，除需要一定的知识储备、认知水平外，更需要有良好的审题习惯、有效的思考方法做保证。

女孩不能顺利解题，原因很多，其中很重要的一点就是不关注如何解题。女孩一定要懂得，在解题的过程中，不要只顾着寻求答案，而是要综合运用所学知识，寻找题目里的逻辑关系，深入思考，运用公式、原理细心推导，在对公式、题目的理解上，不但要知其然还要知其所以然，举一反三，解题能力自然就提高了。

如何提高数学解题能力

要提高数学的解题能力，需要在学习过程中建立起科学而实用的方法。

1. 扎实掌握基础知识和基本技能

数学习题中的许多问题都是基础知识的综合，要做出这些习题，先要掌握基础知识。数学的基础知识包括基本概念、性质、公式、定理等，这些内容是进行推理、判断、演算、解题的依据。

要完成一道题目，仅仅掌握基础知识还不够，还需要一定的运算能力、运算法则、解题规则等，除了这些技能外，女孩还要掌握并总结一些小秘诀，比如，寻找隐含条件、快速写出数量关系、用图形分析数量关系等。

有的题目的已知条件比较少或者不明显，不足以解出答案，这时，就要找找是否有隐含条件。挖掘隐含条件，找到新的信息与依据，思路就能豁然开朗。

当涉及的数量关系比较复杂的时候，在审题过程中把与解题有关的数量关系简化出来，有利于明确题意，解题就容易了。遇到比较复杂的应用题，可以通过图形来分析数量关系。

2. 从套例题到自主思考

遇到不会做的题目时，找到课本上的例题，根据例题的解题模式、思路和步骤套下来，课后习题十有八九就能解对。这种通过类化来解题的方法只可以解决一般的题目，对于有一定难度的综合类题目就不一定能应付得来了。

数学试卷上会有一些拔高题目，这些题目综合了多个知识点，一部分已知条件是套在显性已知条件里面的，靠着套例题的方法难以解决。只会套例题的学生平时成绩不错，到了考试就不灵了，问题就出在对知识掌握得不够灵活、思维僵化，不具备深入分析的能力。

女孩要学会主动思考，做作业的时候，用一种方法解答后，再用另一种方法解答一下；解完一道题后，反思一下，用了哪方面的知识；题目做完了，想一下跟哪道题最相似；完成了一道题后，给该题目变身，看看还能演绎出几个题目。这样，养成了积极思考的习惯，思维就活跃了。

3. 熟练掌握基础运算题

什么是基础运算题？中学阶段，数学课本里很多基本概念、性质、公式、定理都是验证和推导出来的，这个验证和推导的过程就是基础运算。这些题目是解题的范本，既提供了解题思路，又能促进对基础知识的理解，作业和考试中的题目有很多是这些内容的演绎、变形、综合，熟练掌握后，面对其他题目就更有思路了。

有的女生特别会学习，每次学完数学的某个定理后，除了掌握住这个定理的推导过程，还会从推导过程中找到以前学过的定理及其推导方式，然后糅合在一起，设置已知条件和问题，组成一道综合题目。这样，一道题里包含了几道题，解答后对知识理解得特别透彻，再做相关题目的时候也很顺手。

4.把错题本变成难题本

很多同学建立了错题本，把错题集中起来，改正错误变得容易了。这是为什么？因为在归纳、总结的过程中，修正了错误的解题方法，提升了解题能力。如果想更高效地提升解题能力，可以把错题本变成难题本。

每年的高考，大题都不免令同学们大伤脑筋，有的同学甚至有恐惧情绪，看了题目就缴械投降了。

如何避免这样的情况出现？在2014年高考中拿到数学191分好成绩的蒋圣翊有个特别好的方法，就是建立难题本。他说："学习数学最大的心得就是总结和归纳，在平时做题的时候，归纳、总结出难题的解答方法，掌握住存在脑海里，到了考场上，就能应对自如了。不管题目多难，用到的都是书上的知识点，关键是面对难题的时候能不能快速调动所学知识。如果能够快速理清知识脉络，对整理过的知识点进行'排列组合'，就能优选出最佳的解题方法。"

建立一个难题本，写出难题的解答方法，有几种写几种，反复复习，脑中解题方法多，就具有了解答难题的能力。

死记硬背定理、公式学不好物理

今天学习了加速度，太难理解了！范青青花费了一节课的时间把加速度的概念、公式记住了。什么是加速度？加速度是描述物体速度变化快慢的物理量，它等于速度的改变量跟发生这一改变量所用时间的比值。自以为背得很熟了，可以直面老师的检查。

谁知，第二天课堂上老师不让背诵概念和公式，而是让做题。范青青想，反正记住公式了，做题也不怕。谁知，做题的时候大脑断片，而且是严重断片，怎么也想不起公式了！

学好物理的关键：掌握物理过程

定理、定律是构建物理学的知识大厦、学好物理必须掌握的知识。但是，这些定理、定律很抽象，枯燥难懂，理解起来很费劲。到了高中，即使一字不差地背诵下来，出个题目照样不会用。怎么办呢？

大部分定律都是经过实验发现的，定理则是建立相关的概念以后依据实验定律运用逻辑推理得到的规律。掌握实验和推导这些物理过程，有助于理解这些定理和定律。举个例子。

欧姆定律很难理解，在欧姆定律发现初期，许多物理学家都不能正确理解，更何况中学生呢？

这个时候，如果先了解欧姆定律发现的过程，理解起来就会容易很多。

受热传导规律"导热杆中两点间的热流正比于这两点间的温度差"启发，欧姆认为，电流现象与此相似，猜想导线中两点之间的电流也许正比于它们之间的某种驱动力，即现在所称的电动势。欧姆花了很大的精力在这方面反复研究。他把奥斯特关于电流磁效应的发现和库仑扭秤结合起来，巧妙地设计了一个电流扭秤，用一根扭丝悬挂一磁针，让通电导线和磁针都沿子午线方向平行放置；再用铋和铜温差电池，一端浸在沸水中，另一端浸在碎冰中，并用两个水银槽做电极，与铜线相连。当导线中通过电流时，磁针的偏转角与导线中的电流成正比。

他把实验规律总结成公式：$S = \gamma E$。式中 S 表示电流；E 表示电动力，即导线两端的电势差，γ 为导线对电流的传导率，其倒数即为电阻。

在了解了这个定律的由来后，再自己做个实验。

步骤 1：按设计好的电路图正确连接实验电路；

步骤 2：先保持电池组的电池节数不变，分别将 5 Ω、10 Ω、15 Ω、20Ω、25Ω 的定值电阻接入电路，合上开关，读出电压表和电流表的读数，将数据依次填入第一、二、三、四、五次测量数据表中；

步骤 3：保持定值电阻不变，改变电池组电池节数（分别为 1 节、2 节、3 节、4 节、5 节），合上开关，分别读取电流表、电压表的数值，依次填入第六、七、八、九、十次测量数据表中；

步骤 4：分析由实验得到的数据：

(1) 第一、二、三、四、五次测量中电压不变，电流随着接入电阻值的增大而减小，但每次电流值和电阻值的乘积都等于或近似等于电压值。

(2) 第六、七、八、九、十次测量中，电阻的阻值不变，随着电池组节数的改变，电压表指示数值几乎成倍地增加，但每次都很接近电池组的电压。电流表的指示数也几乎成倍地增大，并且和电压增大的倍数相同。每次电压除以电流的值都等于或近似等于电阻的值。

(3) 以电流 I 为纵坐标，以电阻 R 的倒数为横坐标，建立平面直角坐标系，将第一、二、三、四、五次测量中的电流 I 和电阻 R 的倒数的值分别在平面直角坐标系中标出。观察所有点，采用数学方法总结规律。

(4) 以电压 U 为纵坐标，以电流 I 为横坐标，建立平面直角坐标系，将第六、七、八、九、十次测量中的电流和电压值分别在平面直角坐标系中标出。观察所有点，总结规律。

如果女孩理解不了这部分知识，认真做这个实验，反复几次，就能掌握欧姆定律了。

如何准确掌握物理过程

掌握物理过程是学好物理学，理解各种定理、定律的最为有效和实用的方法。那么，怎么做才能掌握住物理过程呢？

1. 注意听讲，有助于掌握物理过程

当老师在课堂上讲概念、规律时，往往会通过一些具体的实验、生活中常见的现象去帮助学生分析、归纳，这时候学生不应该只是被动地听老师讲，而应积极地参与进来，跟着老师的讲解去观察、分析、联想，从而得出正确的结论。

例如，老师讲到物质的吸热能力时，首先是提出问题，然后用酒精灯给相同质量的水和沙子加热，在相同的时间内，通过温度计示数来判断它们吸热能力的强弱。如果学生不是把自己看成实验的主动者，抓住相同时间内它们吸收的热量是相等的这一关系，往往就会认为温度计的示数越高的，吸热能力越强。这样的错误结论会影响后续学习。

2. 做实验时，多看多想

物理是以观察和实验为基础的学科，初中物理实验很多，很多定律要通过实验展示出来，认真观察有助于理解。不管是看老师做实验，还是自己亲自动手实验，实验的过程中一定要记得，不要看热闹，而是集中精力看门道。

一边看一边思考。把观察到的物理变化跟课堂所讲的定律结合起来，不断提出问题：为什么会这样呢？这说明了什么呢？生活中什么现象也是这个道理呢？

3. 章节综合，紧密联系

物理知识联系紧密，熟练掌握了前面所学知识，学后面的知识就比较容易。女孩不理解牛顿第一定律，就难以想象物体在不受力的作用时的运动状态是怎样的。

在学习物理时，要不断进行小综合、大综合，找到交叉点，串联知识点，有利于理解和记忆。物理学有很强的逻辑性，不断综合有利于系统地建立知识结构，加深对知识点的理解、掌握和运用。

不做实验学不好化学

刘菲菲一遇到化学反应速率和化学平衡方面的题目就会搞混，不知道应该怎么做。老师教过的几个有明确特点的题型还能应付，当遇到有变化的题目时，就不能按照题意去解题。

刘菲菲把自己的苦恼跟老师说了，老师告诉她，不但要记住定义、计算公式，还要掌握实验。为了帮助学生理解，老师领着大家又做了一次这个实验。以后，刘菲菲做类似题目，一遇到不理解的时候，就回忆实验场景，就能确定是哪类题目了。

学好化学，必须重视实验

化学是一门以实验为基础的自然科学。在实验中感知化学知识是学好化学的关键。著名化学家戴安邦先生曾经讲过："化学实验是全面实施化学教育的一种最有效的形式。"

由于科学实验具有形象性、生动性、新颖性和刺激的高强度性的特点，很多科学概念和规律都是建立在实验基础上的。在课堂上老师演示实验的时候，女孩认真观察能够更好地掌握化学概念和原理。

情境有助于记忆。生动形象的实验更容易理解所学知识，是提取该知识很好的情境线索。女孩记不起某个公式的时候，回忆一下当时的实验情景，就有可能唤起记忆。

举个例子。

$Cu+2H_2SO_4$（浓）$=CuSO_4+2H_2O+SO_2$ 这个化学方程式，是由 $Cu+2H_2SO_4$（浓）$=CuO+H_2O+SO_2$ 和 $CuO+H_2SO_4=CuSO_4+H_2O$ 两个方程式合并起来的。当硫酸量较少时，或者在反应的开始阶段，出现黑色物质，同时有刺激性气味气体生成，根据这个现象，我们可以知道，Cu 与硫酸反应，黑色物质只能是氧化铜，气体为二氧化硫，当继续加入硫酸或者硫酸过量的时候，溶液又变成了蓝绿色，可以知道又生成了硫酸铜，这样就可以把这两个方程式都记住了。

学好化学实验对于学好化学帮助很大，可以说，化学实验学好了，非常有助于形成化学思维，掌握定理、公式就会容易很多。

如何学好化学实验

在学习时，有许多演示实验和学生分组实验，无论是观察演示实验还是自己动手的分组实验，都要用科学的态度来对待。

1. 做实验一定要细心

观察力是智力活动的门户，所以，在做实验的时候，女孩一定不要注意力开小差，为了便于跟得上老师的节奏，一定要在实验前好好预习。

曾经有这样一个著名的故事，在这里讲出来非常合适。

方教授在一所著名大学任教，他不但风趣幽默，讲课水平也是一流。每次他的课，很多其他班的同学也跑来听。一天下午，又是方教授的课，与以往不同的是，他手里拿着几个瓶子。方教授告诉大家三个瓶子里分别装着煤油、酒精、醋酸。他小心地把三瓶液体各取了一点，倒进一个空瓶子然后把手指伸进瓶子里。手指伸到瓶里蘸了一下后放进嘴里，一脸陶醉的表情。方教授请同学们来品尝。同学们尝试了一下后，都一脸苦相。怎么回事？原来方教授伸进瓶子里的是中指，而放到嘴里的是食指。

这个故事告诉我们，在做观察演示实验的时候，一定要仔细观察实验过程中的每一个变化，不然，就捕捉不到那些有用的细节。

观察演示实验，不但要看实验现象，而且也要注意实验装置，对实验操作的步骤、要点、仪器名称、反应原理、实验现象、实验结果的分析和处理、环保评价等，要多想想为什么。女孩一定不要认为化学实验好玩，只是抱着"看热闹"的态度上实验课。自己动手时，更要规范操作，逐步养成良好的实验习惯并掌握实验操作技能，为将来的实验测试打下良好的基础。

在做实验的时候，为了促进思考，可以在头脑中问一下，这样设计的根据是什么？有什么优点？有什么缺点？有没有可以改进的地方？

2. 做实验时，边做边想

中学化学可以说是建立在实验基础上的，它的每一个知识都是从千百次实验中总结出来的。

动手做实验时，女孩一定要认真做，着力锻炼自己的实验操作能力，按着实验要求反复操作，才能学会正确使用仪器。要仔细观察实验现象，包括反应前、反应中、反应后的现象，养成良好的实验习惯。观察中还要积极地思考，用所学过的知识进行分析判断，看实验结果与预测结果是否一致。认真做好实验记录，如实填写实验报告。

第 4 章
青春期女孩勤奋派
——把努力放心上，时时体验成功

俗话说，勤能补拙。勤奋能让大脑变得更聪明。勤奋可促使一个人形成积极的品质，比如，勤奋、勇敢、自信、进取等，对于提升学习能力非常重要。所以，女孩要想拥有一个美好的未来，万万不可懒惰。

勤奋是人生富足的底色

有一项著名的调查，是一家研究机构对许多 70 岁以上老人的调查，题目是：你一生最后悔的是什么？结果，77% 的老人选择的答案是"年轻时不够努力，以至现在没有多少成就感"。而选择"没有挣到更多的钱"和"错过了美好的爱情"的不到 10%。

为什么年轻时的努力决定一生的成败呢？

中学阶段是否勤奋影响一生的成就

中学阶段，是建立自我认识的关键期。这个阶段足够努力，就能成为一个勤奋的人。

心理学家埃里克森认为，青少年阶段是一个迅速发展的时期，这是一个成年期之前相对短一些的准备阶段。青少年阶段可能是人的一生中相对困难的时期。以前，儿童对游乐场最感兴趣，遇到的问题也很简单，现在，突然要应付生活中的重要问题了，这种跨越造成的混乱使得青少年感到烦恼甚至痛苦。

青少年开始提出这样重要的问题："我是谁？"如果对这一问题的回答很成功，同一性将会形成。他们能独立决定个人价值观，理解自己是怎样的人，接受并欣赏自己。

有一位北大高材生，谈起自己的成功经验，她说，成功没有捷径，勤奋才是成功最可靠的保证。高中三年下来，她积攒了 6 本改错本，仅仅数学一科就用了三麻袋草稿纸。在学习过程中，对于所学知识，她尽量做到堂堂清、日日明，决不在当天留下知识的死角。

她有几个很便捷的活页本子，每当吃饭排队或跑操集合的时候，总会拿出来翻看几眼。在课堂上，为了避免走神，她总是跟着老师的眼睛走，对老师所讲内容，给以积极的回应。稍微有点走神，她的内心就会有愧疚感，觉得对不住老师。

如果女孩足够勤奋，努力学习，成绩就会很不错，就会认为勤奋是获取成功的重要因素，是重要的成功素质。在这个过程中，自我认同感就建立起来了。以后，不管在哪里，不管做什么，为了实现目标，她们都会勤奋努力、坚持不懈。

如果女孩没有建立起自我认同感，不知道自己想干什么、能干什么，就会陷入迷茫和困惑中，即使到了成年，也找不到方向，稳定不下来，今天干这个，明天干那个，无常性、无定性，一生一事无成。

唯有勤奋，才能掌握知识，实现梦想

每个女孩都想有一个美好的未来，要做到这一点，需要从现在起就勤奋努力，才能实现！

1. 为了踏实掌握知识，勤奋学习

谁都想"会当凌绝顶，一览众山小"！要达到这样的高度，离不开现实的基础知识。学习是一个连续的过程，一般包括预习、听课、复习、作业、再复习几个步骤，如果每一步都踏踏实实地做好，需要体勤、脑勤，不偷懒，才能扎实掌握基础知识。

2. 为了自己的热爱，勤奋努力

到了中学阶段，一些女孩的特长、爱好已经显现出来了。想要在这个范畴里选择未来的职业，女孩从这时起就要更加勤奋努力，刻苦学习。

贝克汉姆小时候体质很差，与同龄人比很瘦弱，这一不利因素增加了他从事足球这种对抗性很强的运动的难度，不过小贝对足球有一种别人无可比拟的狂热，小贝选择了对抗性较少的中场，拼命地练习传球任意球。那时候虽然很苦很累，但小贝却乐此不疲，当其他男孩子都在疯闹时，小贝却在不停地训练。

小贝的父亲很严格，经常会让小贝和一群大人踢球来锻炼对抗能力。小贝训练刻苦，经常在大雨中练习射门，在少年俱乐部的时候，大家都训练完了，小贝会留下来自己练习任意球，常年刻苦训练使得他不用助跑也可以把球踢得又准又远。

小贝的训练经历提示人们，后天的努力太重要了！即使天赋不是特别高，只要足够热爱、足够努力就能达到一定的水平，实现自己的梦想。

贝克汉姆的例子告诉女孩，即使有某方面的天赋，也需要勤奋努力，才能做出成绩，因为有天赋的人太多了。

3. 为了实现大学梦，勤奋努力

目标具有行为的约束力和学习持久的动力，考大学是每位女生的梦想，这样的目标能够激励女孩努力奋斗。对于不够勤奋的女孩，制定学习目标可以抑制玩兴，增强学习积极性。

杨晓是个非常贪玩的孩子，学习成绩一直在中等水平晃悠，自从决定考重点高中后，就给自己制定了一个详细的学习目标。她把每天的课余时间分配好，实施一个月后，成绩提高十多分，被老师和同学刮目相看。杨晓越学习越有动力，中考发挥得好，如愿以偿地进入了重点中学。

写作业最怕拖拖拉拉

津津是一名初一的学生，虽然所学科目多了，但是每天的作业并不会占用大量时间。如果认真做，一个半小时就能搞定。可是津津每次都折腾到大半夜才写完，拖拖拉拉要几个小时。不是写字慢，而是一边写一边玩，看看手机，发个微信，聊个天，刷刷朋友圈，看到有意思的链接点开看看，不知不觉，时间就过去了，真正花在学习上的时间倒是没有多少。

拖延下去，你与"懒人"没区别

《美国高等教育纪事报》报道，美国德保大学的心理学家约瑟夫•R.法拉利发现，做事拖拖拉拉也是一种病。在英国罗汉普顿大学召开的国际拖拉症专家会议上，法拉利教授和其他几位专家公布了一份关于拖拉症的调查报告。报告中，法拉利教授将慢性拖拉症分成两类。

一类是"激进型"拖拉症患者。这类孩子一般脑筋聪明，自信那点知识或者作业不算什么，自己突击一会儿就能完成，不着急，先玩。这样的心态导致学习任务一拖再拖，拖到时间不多了，心急火燎地草草了事，结果呢？需要记忆的内容没有记牢固，需要完成的作业草草完事，学习效率不高。

另一种是"逃避型"拖拉症患者。导致孩子"逃避"的原因有两种，一种是由于一贯成绩不好，自我感觉脑筋笨，缺乏自信，在这类孩子眼中，困难已经被他们想象得超过了实际难度数倍，畏难和厌倦情绪笼罩着整个学习过程；另一种是由于青春期会有逆反心理，不愿意再像以往那样每天写完了作业就要练钢琴、绘画等，为了逃避这些，就故意拖延写作业的时间。

拖延的危害很大，除了耽误学习进程，浪费了时间，长期下去，还会养成拖延的习惯，成为真正意义上的懒人。罗兰说："懒惰是很奇怪的东西，它使你以为那是安逸，是休息，是福气。但实际上它所给你的是无聊，是倦怠，是消沉。它剥夺你对前途的希望，割断你和别人之间的友情，使你心胸日渐狭窄，对人生也越来越怀疑。"现实生活中，的确有一些人不是很努力，那些被称为懒人的人，一般来讲一定不勤奋、不上进、不要强、不珍惜时间、做事不认真、不愿意挑战自我。

身体上的懒惰必然导致思想上的懈怠，从想学但是不学逐渐地发展到了不想学。即使能够坚持学习，也懒得动脑筋，不去寻找学习的规律，学习效率自然不高。可以想象，一个身体不勤快、头脑不勤快的女孩，还有什么前途可言？所以，拖延被当成一种病一点都不过分！

尽快写作业，不拖延

写作业是学习过程里的一个环节，能够培养和锻炼思考能力、分析能力、判断能力、计算能力、解决问题能力、自我管理能力，对学习有很强的促进作用。不能高效地完成作业，各项智能也无法得到很好的发展，在行动上必然是低效率的。

1. 订立写作业计划

先把要完成的作业整理出来，看看有多少。然后根据紧迫程度和难易程度来确定先完成哪个后完成哪个，每项作业各用多少时间。这样，面对目标和时间，就有了完成的紧迫性。同时，给自己制定一项惩罚措施，如果拖延，就不手软，这样可以确保计划的有效性。

2. 烦恼扔到一边去

中学生都进入了青春期，容易情绪不稳定，情绪不好时，不能专心做作业。女孩要懂得理性地宣泄掉坏情绪，然后用心写作业。宣泄坏情绪的方法很多，可以吹气球、敲打沙袋、拍皮球、跑步等，也可以采取听听相声、看看书、唱首歌等休闲方法。

3. 逐渐深入：从擅长的科目开始写

一般情况下，做感兴趣的事情更能集中注意力。写作业的时候，女孩可以从自己擅长的那一科开始写，这样，有了一个良好的开始，顺着下去，也就顺利进行了。

4. 进行积极的自我暗示

女孩为了让自己快速完成作业，可以采用暗示的方法让自己及时完成学习任务。开始写作业的时候，可以这样进行自我暗示：一鼓作气写完，然后玩一会儿游戏！好样的！已经完成一大半了，再接再厉！积极的心态、鼓励的话语，能够产生战胜拖延的力量，有利于快速行动起来。

5. 后果自我教育法

写作业拖拉，使得作业时间延长，必然耽误其他的事情。这个时候，绝不要向自己妥协，坚持品尝后果。几次之后，就会吸取教训，改掉坏习惯。

足够勤奋，让你拥有"专家脑"

每次考试后，王君都会对着试卷发愁，怎么又做错了呢？别的同学怎么就做对了呢？这可是第二次做错了！说完，王君趴桌子上不动了。她想，脑子笨，不是学习的料，用功也白扯，还不如休息会儿！

同桌捏着她的鼻子把她提溜起来，鼓励她："按照我的方法做。找到错误的原因，记住这道题要用的知识点，按照正确的思路在脑子里想一遍，然后把正确的做法写三遍！下次遇到这道题，你一定能做对！"

王君按照同桌的教导去做，连思考带做题，一共做了五遍！后来遇到这道题，果然准确无误地做出来了！

勤能补拙：勤奋学习，大脑反应快

有的女孩纳闷儿，相同的任务，学霸一会儿就搞定了，自己折腾了好久还没弄完！学霸的大脑天生就这么快吗？有可能，但是他们在学习上的勤奋却是一定的。

人脑具有可塑性。脑的可塑性是内部成熟和外部经验共同作用的结果。外部经验来源于人们对于环境的主动学习和探索。中学生勤于用脑，主动学习、多思考，会使神经细胞的树突和轴突增粗，分枝发达，链接增多，神经回路畅通，这样，神经元细胞对信息的接收和应答敏感度就会提高，解决问题的能力自然会增强。

心理学家针对问题解决的速度做过专门研究，被试者包括专家和新手，研究显示，专家解决问题的速度更快。这是因为专家的图式涉及庞大的、彼此紧密相连的知识单元；新手的图式涉及相对较小的、无关联的知识单元。专家储存的知识多，大概 5 万 ~10 万个组块，遇到同领域的问题，能够快速解决。

著名教育家陶行知先生说："单纯的劳动，不能算做，只能算蛮干；单纯的想，只是空想；只有将操作与思维结合起来才能达到思维之目的。"看来，勤奋学习，多掌握知识，多参加社会实践，女孩也能拥有一个"专家脑"，做题的时候，反应当然快了。

勤奋起来，女孩会更聪明

有的女孩说："我也想勤奋，可是，不知道怎么做!"用一句话概括，多动脑、多活动身体。

1. 女孩要做家务

英国最新发表的一份研究报告说，英国儿童在家庭和学校缺乏动手劳动，正阻碍着他们的大脑发育。智慧在手指上体现。做家务的过程，脑子在活动，身体也在活动。不管是脑脑结合还是手脑结合，或者身体协调动作，都能促进大脑发育。要想大脑聪明，女孩要做家务。

中学生能够做很多事情了，比如收拾物品、布置房间、做一些小制作。女孩还可以打扫、买菜、摘菜、洗菜、做饭、去超市购物等。积极主动地做这些事情，养成习惯，就会爱上做事，不觉得是负担。

2. 一次搞不懂，多来几次

司马光有多伟大，我们都知道。这位北宋政治家、史学家、文学家之所以受人敬仰，不仅仅在于他获得了这么高的社会地位，还在于做事刻苦、勤奋，以"日力不足，继之以夜"而闻名。司马光到底有多勤奋呢?

小时候，司马光记忆力很差，别人背一篇文章，三四遍或十遍八遍基本搞定，可司马光不行，每次都要读几十遍才行。为了背文章，司马光看书常常看到深夜，累了，就会迷迷糊糊地睡着。为了不瞌睡，他发明了"警枕"，把枕头换成一段圆木头，半夜，一翻身，圆木头就滚走了，头一跌就马上会清醒，然后继续看书。

女孩，如果你一次记不住，不要气馁，学学司马光，多来几遍，几十遍。单词记不住，多背诵几遍，多写几遍;习题记不住，多做几遍;考试分数低，把考卷好好研究研究……脑子里记忆的知识多，记忆能力自然提高。你也是很聪明的!

你的勤奋出成绩了吗

"我每天窝在家里学习，同学说我变了，不再是以前的我了，不在乎朋友了，就知道学习！"有位同学在贴吧里说，"我天天写作业、做复习题，头都大了，都好久没进电影院了，可是，考试分数还是那么低！数学 68、语文 85，化学 79分……难道这就是努力学习的结果吗？当看到成绩那一刻真的好难过，付出了那么多，却没有换来好成绩！这到底是为什么呢？我不是很笨啊！"

女孩要懂得不是所有的勤奋都有效果

付出没回报，会打击学习的积极性。之所以有那么多中学生越学越没劲，就是因为他们付出了，成绩却没有改变，丧失了对学习的信心，就会放弃。

女孩不妨思考一下，检视一下自己的勤奋是否是真正的勤奋。有人把"觉得自己很努力，但是最终的结果没有显示出进步"称作"伪勤奋"。伪勤奋因为没有促进学习进步，是不可取的。

伪勤奋的人没闲着，每天读书到很晚，比真正勤奋的人休闲的时间还少，报大量的辅导班、每天睡眠不超过 5 个半小时、习题集做了一本又一本、电视不看电脑不玩……这样的人在外人看来是很努力的，自己也觉得很安慰，并期待着好成绩。

但是，这样的学习方式并不利于掌握知识。

睡眠少，大脑得不到休息，脑细胞增殖少，制造不出新的联络路径，学习的时候反应慢，学习效率很低。

大量做练习题，会巩固对已经掌握知识的熟练程度，但是不一定能提高大脑的反应速度。

从神经科学的角度来讲，学习经验在脑中以突触联结的形式保存，当个体习得新的知识、经验时，脑中神经元之间的联系增加，表现为新突触的形成，或已有突触联结的修正，或者旧有联结的巩固，使得突触的数量或形态发生改变。对于同一个问题，不断地重复练习，则不能促使神经元之间形成新联结，只是强化了已有的联结途径，导致血管密度增加，而不是突触数量增加。

心理学实验曾经把受教育程度高的个体的大脑和中学层次的个体的大脑进行比较，发现受教育程度高、喜欢挑战思维活动的个体，脑中总的树突分支长度比中学层次以下的人要长。这就意味着当一个人不断学习新的知识，在大脑理解、掌握这些新知识的过程中，大脑的传导能力和信息加工能力增强，学习的时候会感觉轻松、高效，对自己充满信心。

如何让勤奋的付出更有效果呢

"伪勤奋"不但不能促进学习，而且很消耗精力，搞得身体很累，女孩要避免在学习上"光努力不进步"。

1. 思考一下：这样的勤奋值不值

如果你每天一会儿也不闲着，总是在学习，可是学习成绩却不好，那么就要思考一下，这样的忙碌值不值，不值在哪里？当然是没掌握住所学知识。

有一天深夜，著名的现代原子物理学的奠基者卢瑟福教授走进自己的实验室，看见一个研究生仍勤奋地在实验台前工作。卢瑟福关心地问疲乏的研究生："这么晚了，你在做什么？"研究生答："我在工作。""那么，你整天都在工作吗？""是的，导师。"研究生带着谦恭的表情承认了，似乎还期待着卢瑟福的赞许。卢瑟福稍稍想了一下，然后说道："你很勤奋，整天都在工作，这自然是很难得的，可我不能不提醒你，你用什么时间来思考呢？"

学习如工作，如果只是埋头苦干，不抬头看路，不归纳总结，不寻找更好的学习方法，就难以获取好成绩，很可能白忙。

2. 学习一段时间，回头看一看

学习的最终目标就是掌握知识，考试是检验知识掌握情况的一种手段。学校会根据学习进度安排各种测验，以检验阶段学习的情况。女孩可以在每次测验后总结一下这段时间的学习情况，看看哪里学好了，哪里没学好，为什么有的学好了，有的没学好。如果整体成绩有提高，就总结一下提高的原因，继续发扬。

3. 寻找更适合自己的学习方法

不同人擅长的认知通道不一样，有人是视觉型，有人是听觉型，有人是动觉型。视觉型学习者观察力比较强，能够迅速地根据观察到的信息进行记忆和思维。听觉型学习者偏好声音，这类孩子通过听讲、朗读、歌曲、诗歌、广播等听觉刺激来学习，他们对语言、声响、音乐的接受力和理解力更强。动觉型的学习者更加偏好通过亲身操作、参与活动等方式进行学习。

到了中学阶段，女孩已经有了一定的学习经验和自我认知，可以知道自己的认知通道。当所学知识比较难时，选择自己擅长的认知通道来学习，会有助于理解、记忆。

举个例子，如果女孩更偏好听觉型，面对一道难题，读了几遍都做不出来，看了老师的解题步骤也弄不明白，这种情况下，不妨让学霸给讲一讲。听听别人的解题思路，有助于理解。

做善于自学的女孩，不依赖环境

一位女孩在学习上很用功，老师留的作业，从来都是一丝不苟地完成，不管时间有多晚，都是写完了才睡觉；上课听讲，非常专注，生怕落下老师讲课的内容，课堂笔记也记得特别仔细。她经常挂在嘴边的一句话："老师就是这么讲的！"

有一次讲评作业，老师明显做错了一道题，同学们都看出来了，女孩也觉得不怎么对劲，她还是照着老师的改过来了。很多同学去找老师辩论，老师发现了自己的错误。老师向同学道歉，并告诉大家，在学习上，不要依赖任何人，也不要迷信任何人！老师的一席话点醒了女孩。

女孩听懂了老师的意思，老师是学习的引导者，而不是灌输者，更不是拐杖，学习行为要结合自己的实际情况来安排，才更有效率。

自学能力强，学习更有主动性

自学能力到底对一个人的成就有多大的影响？通过下面两个小故事，就能清楚地了解了。

美国著名的发明家爱迪生只上了三个月学就离开学校了。辍学回到家里，在妈妈的指导下，爱迪生自学了算术、化学、地理、历史等多门课程，11 岁时，他已学到许多学科的知识，还读了牛顿、法拉第等大科学家的著作。他最喜欢化学，把自己积攒的全部零用钱用来买化学参考书和一些实验用的仪器和药品，自己动手做实验。16 岁那年，他终于发明了自动发报机。超强的自学能力使得爱迪生一生有发报机、留声机、电灯、电影机、蓄电池等一千多项发明。他从一个穷孩子，经过长期刻苦的自学和实践，终于成为一位举世闻名的发明家。

中国伟大的数学家华罗庚念完初中后，因家里无力再供他上学，只得辍学到父亲的小杂货店里帮助料理店务。在这期间，他跟着几本数学教材《大代数》《解析几何》《微积分》学习。18 岁那年，他到中学当了一名会计兼管学校事务工作。除了学校里繁重的事务外，他早晚还要帮助料理小店的事务，每天晚上大约 8 点钟才能回家。清理好小店的账目之后，他才能钻研数学，常常到深夜。华罗庚的数学天赋逐渐显现出来，因为不断有高水平的论文发表，被清华大学数学系主任熊庆来推荐到清华大学数学系当管理员。

到清华后，华罗庚自学了英语、德语。24 岁时，他已能用英文写作数学论文。28 岁时，他当上了西南联大教授。后来，他又被熊庆来教授推荐到英国剑桥大学深造。

自学能力何以带给一个学生如此巨大的改变呢？学习是个体的心理变化，自主性越强，获得的知识越丰富。有了自学能力，就可以主动学习、独立思考。这两项好比学习的双翼，能够带领学生攀登到知识的顶峰。如果在学生时代就建立了很强的自学能力，将来参加工作后，也不会被难住，因为任何知识都可以通过学习去掌握。

不断增强自学能力

1. 掌握最基本的自学课本的方法

自学课本的最基本的方法和步骤如下：在阅读的过程中大量提出问题，边读书边思考，提出一些相关的知识及知识点间的联系；阅读的过程中，与常见的习题相联系，常见习题可以是课本后面的，也可以是相对应的《一课一练》类练习册。大脑里产生了疑问，就主动解决，解决不了的，记下来，预备向老师和同学请教。

2. 注重怎样去学

学习既是获取知识的过程，也是提高智力的过程。在学习上，如果仅仅把头脑作为"储存知识的仓库"，满足于"学到什么"，而不注重"学会怎样去学"，就不能提升学习能力。

在学习过程中，女孩要注重不断探寻适合自己的学习方法。比如，合理安排学习时间；根据学习进度制订学习计划；不断寻找更好的学习方法；遇到难以理解或者逻辑上混乱的内容，可以画出思维导图，等等。

3. 在预习过程中"找重点"

预习是自学的一种方式，是对即将学习的内容的提前认识。在学习的过程中，要学习"找重点"；阅读时，在课文上圈圈点点、画画写写。画文章中的重点句子、关键词语，预习后，时间充裕可以写自己读后的看法、想法以及简短的评语。换句话说，写自己在阅读中的所"悟"、所"感"、所"疑"。

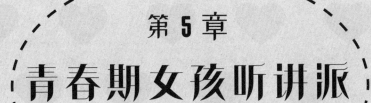

第 5 章
青春期女孩听讲派
——做有心、用心的课堂"女王"

　　课堂听讲是一项智力活动，整个过程完成得好，不单单是学会了当堂课所讲的新知识，也温习、巩固了旧知识，而且促进了观察力、注意力、想象力、思维力、解决问题的能力的发展。可以说，听好一堂课，就是给学习开了一个好头。

每一次新课前，都要预习吗

临下课，几何老师说："明天要上新课了，请大家好好预习一下。"对苗苗来讲，这句话就是"耳旁风"，哪位老师说的，都没引起过她的重视。苗苗对同桌说："预习多浪费时间啊，作业都做不完呢。晚饭后，有时间，还想玩一会儿。"同桌说："我每次都预习。要是不预习，上课听讲心里没底。劝你还是预习一下吧，真的有助于听讲。"苗苗撇撇嘴！同桌挤挤眼，说："不过，你是天外来人，不预习也能听明白，就不用了。"苗苗大笑，心想：从此以后，我也要挤时间预习，开启学霸模式。

预习的必要性因人而异

所谓预习，就是提前熟悉新课所讲的内容，熟悉的界定可以仅仅停留在了解的层面，也可以达到掌握的程度。

那么，为什么要预习呢？预习的目的就是提高听讲效率，避免老师上课讲的时候听不懂，课后完不成作业。如果上课听不懂，就很容易注意力开小差，注意力不集中错过了老师所讲的内容，就无法记住所讲知识，影响后面内容的学习。恶性循环的结果就是成绩大幅滑坡，导致厌学、逃学。

既然预习这么有必要，为什么因人而异呢？

中学生功课紧，对一些成绩好、不需要预习就能听懂老师所讲知识的学生来讲，预习可以不做。但是，对于那些成绩差，特别是单科成绩差的学生来讲，预习的过程不但了解了新知识，还找到了没有学会的"旧知识"，借着这个机会把"旧知识"掌握住，才不会在学习新知识的时候听不懂。

避免"放羊式"预习，恰当最关键

什么是"放羊式"预习？就是一翻而过。看到了要讲内容，过后可能就忘记了，这样的预习没有效果。

1. 预习的一般过程

预习是为了提前感知教材、老师即将要讲述的内容，产生一个初步的认识，为新课的顺利进行扫清障碍。

预习的一般过程就是阅读课本，包括文字部分、插图部分、课后问题或者习题，找到重点和关键点。在预习的过程中，如果对新知识产生疑问或者有看不懂的地方，做一下笔记，预备上课听讲的时候搞明白。

2. 强科，可以不预习

如果某一科或者几科是强项，说明已经对该科目有了很深厚的兴趣和感情，喜欢学习这一科，而且学习积极性很高，那就没有必要通过预习来增强对该科的兴趣。留下时间来用到更需要的地方。

中学学习生活忙碌，兴趣广泛的女孩就显得更加时间紧张了。这种情况下，只要上课听讲不分心，课后能顺利完成作业，就证明听讲不费力，就可以不预习。否则，预习过后，听课太轻松，掉以轻心，可能会走神！

3. 弱科，预习时"记一记""做一做"

如果某一科成绩差，就说明对知识掌握得不够牢固，要给予特别的重视。预习，就是一个不错的方法。越是学得差越看不懂，越学不进去。为了不使课前预习流于形式，可以写预习笔记。记录新课预习中已懂、不懂的内容，标注好有疑问的内容、没有搞懂的旧有知识。

在预习新课的时候，联系学过的旧知识，把旧知识和新知识联系起来，有助于理解。

高效听课法：课堂上积极调节注意力

世华是一名初中一年级的学生，上课注意力无法集中。她下课时精神百倍，一上课就不在状态了，常常犯困、走神，老师讲的什么根本就听不进去。

每次被老师喊起来回答问题，她都答非所问。课后写作业，她要看很长一段时间的课本才能完成。每次上课前，她都暗自叮嘱自己一定要好好听讲，可到了课堂上，就管不住自己了。看着别的同学聚精会神地听讲，她真是羡慕死了！

注意听讲，充分领悟

注意力水平决定听讲效率。注意是心理活动对一定对象的指向和集中。指向性表现在人的心理活动总是有选择地指向一定的事物，而离开其余的事物；集中性是指心理活动聚集在所选择的对象上，并且维持这种指向，使心理活动深入进行。

学习需要高度集中注意力才能有良好的效果。

20 世纪中叶在联邦德国的心理学家们做过一个实验：主持人在大厅里向听众发表演说，演说进行了 20 分钟左右，突然一个蒙面强盗闯进来，在听众面前开了三枪，高声叫嚣了几句，然后夺门而出。这时主持人发下调查问卷，要求听众立即对这个"蒙面强盗"的身高、衣着、开了几枪、说了些什么话、停留的时间等进行回答。实验的结果表明，大多数人的证词都是不可靠的，他们的注意力还在演讲的内容上，没有高度集中注意力去认真记忆那个"蒙面强盗"的有关情况。

注意力高度集中，在相同条件、相同时间内，有利于女孩记住更多的信息，课堂学习达到事半功倍的效果。课堂上，学生的注意指向哪里，就会认知哪里。注意的指向性和集中性水平越高，越能充分领悟老师所讲知识。

老师在课堂上所讲内容来自课本，是对课本知识的细解，老师备课的时候，会考虑学生的知识水平和接受能力，使得知识变得更形象、更生动，有助于学生理解。

中学阶段是为中、高考做准备，老师熟悉考试大纲，他们知道哪部分知识跟高考联系得更紧密，在课堂上会重点讲解。认真听讲，可以避免脱离大纲，浪费时间。

提升注意力品质，以最佳状态听讲

要想在课堂上充分领悟老师所讲内容，需要提升注意力品质，把注意集中指向在老师所讲内容上。

1. 以最佳状态听讲，排除干扰

即使很累，也不要贪图享受。斜靠着墙或者仰卧在椅子上虽然舒服，却容易麻痹神经，无法集中注意力。

身体坐端正，不倚靠不歪斜，目视前方，身体放松，面部表情放松，既有助于提升注意力，也不会让自己焦虑、紧张。

听讲的时候，在脑海中多问几个为什么，问自己：老师为什么这么讲？老师讲得对吗？同学回答问题时，不仅关注答案，而且要溯本求源，想一想同学是什么思路。这样问问题，不但利于理解知识，还能防止因思维懈怠而走神。

2. 调换注意力

一个人注意力的最佳状态基本是 20 分钟左右。为了保持较高的注意力水平，老师讲了一会儿后，常常会根据知识内容安排一个小小的缓冲，以让大家放松一下，便于后面的授课中保持旺盛的注意力。

在一堂数学课上，老师发现学生们有些困，三伏天，老师能理解。于是，他突然说："我问大家一个问题，看谁能回答出来！"有的同学立刻就醒了，有的同学还在打蔫。老师说："注意了！注意了！我开始喊人了！"这下，几乎所有的同学都提起精神了！老师的问题是："中国人是在什么时候吃到第一根冰棍的？你记忆中最好吃的冰棍是哪一种？"同学们七嘴八舌地议论开了。当当当，老师敲了几下讲桌："这个问题留待课后讨论，放松了一下，继续讲课！"

老师缓解同学疲劳的方法很多，除了幽默地抛出一个问题外，还有很多。比如：

问题提醒法：根据当堂课所讲内容，提出跟这个内容有关系的以前所学知识的问题。

语言提醒法："请大家回忆一下，关于这部分内容，我们以前讲了什么？""注意一下，这部分容易跟哪部分知识混淆？”

空白法：老师会说，大家先看看这部分内容，回头我们继续讲。

在课堂上用心捕捉一下老师的缓解方式，主动跟上老师注意力的调节节奏，就能战胜疲劳，维持注意力的稳定性。适时休息，放松一下注意力。

3. 积极回答问题

一节课几十分钟，很容易思维疲劳。回答问题不失为一次很好的精神刺激，让思维在平静的听讲氛围中荡起兴奋的涟漪，精神为之振奋，有利于集中注意力。

老师上课提问是有目的的。或是帮助学生唤起记忆，或是引导学生朝向某一结论思考，或是在提示走神的孩子集中注意力。跟上老师的思路，积极大胆地举手回答问题，不但检验了自己对本堂课知识的掌握情况，也促进了大脑的高速运转。

老师、同学都是自家人，答错了又能怎么样

有位老师针对有的同学上课不举手回答问题的现象，专门做了一个调查，结果显示：大部分同学不举手是因为担心说错了，没面子。为了解除同学们的这种心理，老师特意开了班会，给同学们制定了一个规则，老师课上提问，谁举手了，被老师点名了，即使答错了，也会被老师奖励！

这下，同学们放下了心理包袱，上课回答问题积极多了。课堂氛围活跃了，学习效果明显提高了！

上课回答问题是一种学习方法

很多孩子在课堂上不能主动回答老师提出的问题，原因是多方面的，有性格的原因，比如内向、不爱讲话，还没站起来腿就哆嗦，或者本来脑子里过一遍答案了，但是说着说着就断片了，为了避免尴尬，索性就保持沉默了；有不爱动脑筋的原因，老师问老师的，我放松我的，反正我就是"打酱油"的；担心回答错了丢人，这样的孩子可能成绩不突出，学习劲头不强；觉得回答不回答都一样，反正自己会了就行了；等等。

不管是以上哪个原因，都表明女孩没有认识到课堂提问的意义。课堂上积极回答问题，是一种检验、考察临场发挥能力和思维缜密程度的途径，而且能够活跃课堂氛围，激发老师的讲课热情。

另外，在回答问题的过程中，女孩能够锻炼思维力、口头表达能力。如果老师提问的是新概念、新公式，这些内容即使还没深刻地理解，可以先背诵下来，背诵的过程也锻炼了记忆能力。

放下心理包袱，积极回答问题

不管女孩出于什么原因不愿意回答问题，都该卸下心理包袱，心里只想着有利于学习，那么就能积极主动地回答问题了。

1. 卸下思想包袱，大胆回答

有的女孩害怕发言与提问，当老师提出问题，要求回答时，还没喊到她心跳就加速了，把头埋得很低，一旦被老师喊起来，便结结巴巴、语无伦次了。如果你是这样的女孩，那么，什么也不要想，只要自己有答案，就举起手来回答。一定要明白，班里的老师和同学都是自己人，回答错了又能怎么样呢？如果担心忘了要说什么，可以把思考的结果写在纸上，寥寥几笔，有个提示就能想起来。

只要回答了，就有收获！答错答对都有利于掌握知识。而且回答一次就想回答第二次，每一次回答都是鼓励，能够激发学习动力。

2. 有意识地锻炼自己

美国教育心理学家布鲁纳说："知识的获得是一个主动的过程，学习者不应该是信息的被动接受者，而应该是获取过程的主动参与者。"只有积极主动地学习，才能高效地获取知识。

课堂是学习的重要地方，敢于上课回答问题，把这当成锻炼自己是否掌握知识的一个好机会，大胆地举起手来，就能抓住机会锻炼自己。

3. 耐心倾听别人回答问题

一堂课时间有限，大部分时间是老师用来讲课的。所以，不可能每个学生都能获得回答问题的机会。当自己举手了没有被老师喊到时，不要灰心，也不要怀疑老师偏心，心平气和地注意听别人回答也能促进学习。

在听同学回答问题的时候，大脑还要积极地继续思考问题，把同学的答案和自己的想法做对照，并迅速做出判断。如果发现同学有错误，再举手，争取补充或更正同学的答案。

自问问题，促进理解知识

每次老师讲完课，都会问，谁有问题吗？请举手！这个时候，很多同学你看我我看你，不知道问什么。李艳宁却不一样，她总是能够提出让老师微笑着点头说"这个问题很好"的问题！为什么她能提出问题呢？李艳宁说，好好思考，跟着老师一起学，遇到不懂的内容，就有问题了。

问问题能够促进思考

当下，一些老师为了促进学生学习的自主性、能动性和创造性，在每堂课结束后或者复习课上，把问的权利交给学生，不是老师提问，是让学生提问。学生问问题，学生来回答，活跃了课堂气氛也大大提高了学习效率。

美国著名心理学家布鲁纳提出一种学习方法称为"发现法"，就是让学生自己发现问题。发现问题的过程，需要深入理解和思考。学习的过程除了掌握知识，还能够促进理性思维的发展。而女孩越是深入探究原因，理性思维越强；女孩越有清楚的判断力，越善于思考。

在课堂上听讲，聪明的学生不停留在听懂的水平，还会质疑、联想。一节课，大脑不停地运转，努力记住本节课所讲的内容关键是什么？重点是什么？难点是什么？老师为什么这么问？老师联系了哪些已经学过的知识？可以说，在课堂上，大脑越勤快，越勤于思考，学习效率越高，越可能取得好成绩。

一堂课45分钟，谁利用得好，谁的学习效率就高，学习能力提高得就快，业余时间就会轻松一些。在课堂上勇于质疑，不但有利于提高学习效率，还有利于在学习和生活中形成一种"不轻信"的态度，这样，就能用主动的辩证思维去学习、去对待生活中的人和事。

在课堂上，能提出被老师赞赏、能代表大部分同学共性疑惑的问题，一定不简单！为什么呢？代表学进去了，掌握了一部分，有自己的思考。

肚里有料，才能问出问题

爱因斯坦说："提出问题往往比解决问题更重要。它意味着真正的进步。"法国著名文学家巴尔扎克认为："打开一切科学的钥匙都毫无疑问的是问号。"我们如何引导，才能使女孩在课堂上能够多问几个问题呢？

1. 课堂上，搞懂什么

女孩要懂得课堂上学什么，才会用心去理解，理解不了或者心中有疑问时，才能提出问题。

课堂上学什么呢？老师讲到一个新概念，就要搞懂为什么建立这个概念，这个概念能够解决什么实际问题？哪些知识属于这个概念的范畴？

老师讲到定理，就要知道这个定理表达了哪些概念之间的联系？这个定理会在哪些题目里出现？老师在推导定理或者公式的时候，就要找到已知条件是什么？未知条件是什么？证明的主要思路是什么？

老师讲到应用题的时候，就要领悟这道题考察的是哪部分知识？会用到哪些概念、定理？如果变换一下条件，怎么解？这道题里隐藏着多少个已知条件？

2. 多阅读课外书籍

要想知识丰富、思维活跃、视野开阔，就要多读书。女孩涉猎的知识越广博，越能发现问题提出问题。女孩除了要学会课堂知识外，还要广泛涉猎，多阅读古今中外的经典著作、史地书籍、科普作品、名人传记等。在阅读相关的书籍和资料的过程中，会发现困惑了很久的问题被解答了。

3. 要敢于质疑

女孩不要嫌烦，有了问题就想办法解决。和同学探讨、向老师请教、上网查阅等，都是解答问题的好方法。要敢于坚持自己的观点，怀疑他人的观点。

有个学生，被称为班级里最能"抬杠"的人。老师讲评试卷，他总能就试卷的答案与老师展开辩论。现在这个学生成了一名科学家。回忆当年的质疑能力，他虽然觉得有的时候有点过，但是着实促进了他的质疑能力和思考能力。

每个知识点，都要做到不遗忘

鞠冰学习成绩一直都很好，是名副其实的学霸。如果有同学问她某个知识点，她总能回忆起在哪章学的，具体内容是什么。同学羡慕她有个好脑子。鞠冰说，什么好脑子，勤于复习罢了。你们若好好复习，兴许比我记忆得还准确呢。

掌握知识，需要对抗遗忘

德国心理学家艾宾浩斯通过实验得出，遗忘在学习之后立即开始，遗忘的过程最初进展得很快，以后逐渐缓慢。保持和遗忘是时间的函数，艾宾浩斯把这种函数关系绘制成曲线，就是著名的艾宾浩斯曲线。

记忆是人脑对过去经验的保持和提取。输入到大脑中的信息只有经过编码才能记住，只有将输入的信息汇入已有的知识结构中才能在头脑中巩固起来。

记忆由识记、保持、再认、回忆等组成。识记是识别和记住事物，从而积累经验的过程；保持是储存和巩固已经获得的经验的过程；再认是过去经验或识记过的事物再次呈现在眼前时仍能确认和辨认出来的过程；回忆是恢复过去经验的过程。

记忆的内容不能保持或者提取时有困难就是遗忘。遗忘有各种情况：能再认不能回忆叫不完全遗忘；不能再认也不能回忆叫完全遗忘。学生学习要用考试来检验，遗忘了就无法完成答卷。与遗忘做斗争，是在学习过程中，每个学生都要面对的事情。

按照艾宾浩斯遗忘曲线规律复习

如果要掌握当堂课所讲知识，就需要定期复习。怎么复习？艾宾浩斯告诉我们，遗忘在学习之后立即开始，遗忘的过程最初进展得很快，以后逐渐缓慢。那么，就按这个规律来复习吧！

1. 当天就进行复习

当堂课所讲的内容，一般就是当时听懂了、理解了，还没有内化到自己的知识系统里面，随时都可能忘干净了。当天复习不仅是对抗遗忘，更重要的是进一步促进理解。

当天复习可以根据个人的时间来安排，以课后、自习、放学后等几个时间段最佳。

为了提升时间利用率，当天复习可以选择一边通读课本一边整理笔记、一边写作业一边理解记忆所学知识点，这样在有限的时间里，就复习了当天所讲内容又完成了作业。

实现高效率的学习，拥有一份能够一览重点内容、难点内容、基础内容的笔记本，就仿佛拥有了一个课堂学习的备忘录，任何时候拿起来都能帮助自己再现老师在课堂上所讲的内容。如果课堂有时间，可以边回忆当堂所讲的知识边整理笔记。整理笔记的时候补上该记而没记的内容，使知识更全面；补上并更正课堂记录不太准确、理解不够深入的内容；加入个人学习的心得体会。

课本是老师讲课、学生听讲的重要依据。在读课本的时候，可以把重要的概念、定理、例题、高度概括课文内容的简练语言、带提示性的语言，在课本上勾画出来，以便在以后复习的时候能够很快抓住重点内容。还要仔细研究课本上的例题，理解例题的内容，掌握解题的思路、方法和表达格式，为正确地完成作业奠定基础。

2. 三天或者一周复习

这个复习可以通过做课后习题、背诵重要知识点及概念来完成。如果没有记住，就重新看课本、看笔记来理解记忆；如果记住了，就做一些相关的课外习题，做题数量可以根据个人时间来安排。

3. 月复习或者季度复习

这个复习可以根据老师讲课进程来安排，如果老师讲完一个小节或章的内容恰恰是一个月左右，是一个阶段，那么，就可以根据自己的时间安排，把月复习和阶段复习结合起来进行。

这个阶段的复习，不仅仅为了复习、巩固基础知识，还要做一些拔高的综合性题目，以提高对知识的综合掌握能力。

学会把知识系统化

有一名高三的文科生，因为考入了名牌大学而备受关注。有人问他，文科那么多知识点，你怎么能记得那么牢固呢？他毫不犹豫地说，想办法系统化。

他说，背诵一大段文字，很难，也容易忘记。那么，就把知识点结构系统化，用几个字将总内容简单明了地概括出来。

如高中历史中的历史事件，一般都是记忆事件的前因、过程和意义，事件的过程要简洁，要具备时间、地点、人物和结果等因素。每一个事件都这么记，就不觉得难了。有的题目更好概括，比如，十月革命胜利的历史意义，就概括为"三个开辟、两个胜利和两条通路"。任何一个知识点，都可以找到系统化的方法，巧妙加工不但有利于记忆，还有利于理解。

知识点系统化后，把每个点连接起来，结成网，就是一个单元的系统化。把每个单元的知识连接起来，就是一本书的系统化。这个是纵向系统化。

为了巩固记忆，当对知识的掌握达到一定程度后，可以进行横向的知识连接，在复习阶段进行专题知识系统化。打破课本的章节体系，把同一性质、同一类别的知识归纳在一起，使之成为一个系统。比如，高中历史里各个变法，可以用列表方式放在一起；平面几何和立体几何中的公式可以放在一起对比着记忆。

系统化有利于掌握知识

知识的系统化就是把一个个知识点放到知识系统里应有的位置上，把多而杂的知识变得少而精，从而完成书本知识由"厚"到"薄"的转化过程，有利于记忆和解题。

1. 系统化，有利于解题

解题的时候，我们一般都要从题目的关键字出发，逐步展开联想，最后建立题目当中的知识点和答案之间的联系。系统化的时候，我们需要将单一知识点穿成线、连成面，把握知识之间的联系。

如果我们把解题和系统化进行比较，可以看出解题时理清思路的过程与对知识进行系统化的过程是一致的。聪明的女孩懂得不断对学过的知识系统化，这个过程加深了对知识的熟悉程度，提取的时候很容易，真正做到了"快速理清思路、高效解题"。

2. 系统化能对抗遗忘，帮助记忆

把新知识和旧知识放在一起学习，会产生同化作用，把生疏的材料同化于已熟记的材料之中。知识是一个大网络，盘根错节，反映在各个学科上也是各个不同的小网络，每个小网络都是一个系统，是由一个个知识点构成的。

系统化后的知识，用什么形式表现最清晰呢？复习纲要、系统表、示意图、比较表等，能够集中反映各种概念、原理之间的相互关系，构成知识的骨架。

孤立的事物容易忘记，而联系着的事物就不容易忘记。新的概念、新的原理纳入已有的知识系统后，成为其中的一部分，就和旧知识建立了必然的联系，这种联系一旦建立，记忆起来就容易了。

从最基本的方法做起

如果女孩想把已经学过的知识系统化，熟练到一闭眼就能回忆出所学知识的脉络，懂得一门课的结构、重点、难点、易错点，那么，就从最基本的方法做起吧！

1. 熟练掌握基础知识

要想把知识运筹于帷幄之中，就必须牢牢地把知识掌握住。最基本的就是在平时学习上下功夫，把最基本的概念和原理学好，为建造"知识大厦"备好料。

物理学家丁肇中说："一个人在打根基的时候要有思考的习惯，自小学而不思难免流于轻浮。"要想深入掌握知识，就必须坚持艰苦的思考。思考的过程，就是分析、综合、比较、抽象、概括、分类、归纳、演绎的过程。系统化的知识结构整理好以后，记录下来，以备复习用。

为了保证系统知识的准确性，一定要及时把不懂的内容搞懂，把做错的习题改正确。

2. 按照一定的方法系统化

纲目法，就是列出学科知识的纲目，可以画知识树，可以列纲目表，理清该科的大纲细目，表现出知识间的内在联系。知识纲目化之后，就序列井然，关系

昭然，重点豁然，自己哪里有缺漏，就一目了然了。

归类法，就是把庞杂的知识、习题分类整理。比如，数理化可按题型归类。

标签法，包括口诀法和代表字法。有些知识比较复杂，记忆较难，可以归纳成几个字或者几句话来概括，记忆起来就容易了。

网状的结构图法，网状结构图前后贯通，有系统、有条理，一目了然，可以有重点、有目的地掌握关键内容。这个结构图怎么画？根据所学知识，先设定一个主干，然后从主干上分出枝干。刚开始画的时候摸不着规律，知识掌握不全面、理解不深入也画不好，但这不影响画图，一边画一边找规律，就能画出好的知识网络结构图。

走进网络课堂

周末，同学发给琪琪一个网址，说："这里面有你错过的课程，看看吧。"琪琪因为生病错过了数学课，她想让同桌给她补课，同桌有事情，就发了这个链接给她，让她先看看，如果还是看不懂，同桌再找时间给她讲一讲。

因为要写作业，琪琪得先学习学习，她点开视频，很认真地看完了，然后开始写作业，遇到不理解的地方，结合着课本，看看视频，很快就明白了。

"互联网+教育"下，每个孩子都需要慕课

听课，是一种老师讲学生听的学习模式，中学生听课，主要是在课堂上，任课老师比较固定，时间也比较固定，没有回放，时效性很强。这是传统的听课模式，当下，另一种规模较大、形式更加开放的听课形式产生了，那就是慕课，慕课又称 MOOC——massive open online course 的缩写形式，翻译成中文，是"大规模开放的在线课程"的意思。

慕课发展到今天，已经非常成熟了，很多学校出现了微课、翻转课堂式教学模式，弥补了传统模式教育在时间上、灵活性上的不足，使得孩子有权选择听还是不听，什么时间听；很多家庭都给孩子报了在线课程，包括数学、语言、英语等，免去了上培训班在路上耗费的时间、丰富了学习资源、提升了孩子学习的自主性。当前，慕课已经呈现出了传统教育资源没有的优势，比如，设计更加精细化，集教学内容、章节练习、教学反馈、课堂讨论、教学评估于一体，练习量大、针对性强，更能够提高学习者的自主性和学习效率。

关于慕课的出现，没有什么可稀奇的，伴随着大数据、语音识别、教育专家系统、人机交互等多种人工智能手段的发展，教育必然有新的呈现，教育也必定更能够契合人类发展的期待，于是，慕课自然而然地就产生了。

慕课的出现，始于 2011 年的秋天，斯坦福大学免费开放了三门计算机课程，

授课教师怎么都没有想到，这么一次牛刀小试，竟然掀起了很大的波澜。其中有一门课程，《人工智能导论》的注册人数超过了 16 万，被大量的在线志愿翻译者翻译成了 44 种语言，而且，那时这门课程并没有根据慕课的特点进行特别的制作，只是把传统的课堂课程开放了而已。

面对如此狂热的在线学习者，特隆教授重新规划了课程内容，以学生为中心，还放入了一系列问题，让学生通过解决问题来学习。课程完善后，特隆教授告诉斯坦福大学的同学们，如果不想在教室听课可以在网上学习，结果，有超过四分之三的学生选择了后者，且这些学生的平均成绩比历届整整高出了一个等级，更加出人意料的是，表现最好的不是斯坦福大学的学生，248 名满分者都是斯坦福大学之外的人。

这意味着什么呢？每一个人，只要想学习就有机会，无论生活在哪里，只要能上网，就拥有同等的网络教育资源。

如何选择并上好慕课

当下，大部分女孩接受的都是课堂教学，但是，也很少有谁没看过网络学习视频、没看过网络课程，可以说，大部分女孩都在以传统课堂为主辅以一定的线上教育的形式来学习。

那么，在课堂好好听讲的基础上，如何选择并上好慕课呢？

1. 考虑到自己的需要

大数据为各科学习者提供了海量的学习资源，面对各种各样的课程，女孩要学会根据自己的接受能力、学习需求等自身特点选择不同内容和方向的慕课，让老师期待的"因材施教"落到实处。一定要记得，不是所有的课都能达到相同的效果，最好的效果在于最适合自己的课程。

2. 一边上课一边讨论

现在的老师，恨不得学生都考 100 分，所以，他们不会放弃那些好的慕课。他们可能会自己制作一些慕课或者搜集一些名师的课程，提供给孩子们。这个时候，学生可根据老师的内容规划主动学习或者提前学习，如果一边学一边针对所学知识点通过网络平台进行讨论、交流，特别能够促进对知识的理解、记忆和掌握。

3. 试听很重要

慕课的海量出现，扩大了女孩的选择范围，如果看到宣传页，觉得符合自己的期待，有促销活动，就买来，而且一门课买好几个视频课，必然会产生相同知识重复听的情况，很浪费时间和精力。所以，女孩要多看看，多了解讲课老师的资历、背景、讲课方式以及该课程的针对性，结合自己的需要做出选择。

如果在购买前向任课老师咨询，跟同学商量一下，效果就更好了。几个同学搭配着买课，互相交换着学习，除了节省了花费，还有利于选择一项更适合自己的课程。

第6章

青春期女孩扎实派

——不学透不罢休

　　学习时的"快速完成"心理，会导致学不透、掌握不牢固、错误率高。在学习上，女孩要发扬认真仔细的精神，夯牢每个知识点，建构起结实的知识大厦，才能实现高效学习。

"快速完成心理"要不得

翁玲一写作业就着急，如果作业不多，她就会想，快点写完，写完了就可以看电视剧了！如果赶上作业多，她就会想，这么多作业，要抓紧时间写，要不睡觉前就写不完了！总之，只要有学习任务，翁玲就着急，就想要快速完成。由于太着急，遇到模棱两可的知识点，就糊弄过去了。

"快速完成"是急躁倾向

写作业、考试、记忆知识、温习功课的时候，女孩急着完成。这是为什么呢？因为想快快做完，然后去干别的事情。中学生当然懂得学习是第一位的事情，但是玩耍的诱惑力也很强。好朋友在等着一起去逛街，能不着急吗？快点写完作业就能有时间刷朋友圈了，能不着急吗？

学习的时候，如果过于追求速度，很多相近的字词、相似的数字、似曾相识的题目，来不及仔细区分辨认，便写了下来，很容易急中出错。

当女孩对学习任务的多少、需要多长时间完成没有正确估量的时候，就会瞎着急，这暴露了女孩在学习上的不自信。女孩在学习上的自信心一方面来自于良好的学习成绩，另一方面来自父母的支持、鼓励、肯定。爱着急的女孩要思考一下，父母是否不断给自己压力，如果是，就跟父母谈谈，告诉他们自己压力太大，不要老是在自己面前唠叨了，已经导致了急躁情绪，影响了学习。

纽约市佩斯大学研究生部主任丹尼尔·鲍尔说："急躁可能引起焦虑和敌意，如果你总是忧虑，睡眠也会受到影响。"一旦波及睡眠，学习一定会受影响，无论是听课还是记忆都会难以集中注意力。

不断自我修炼，争取不急躁

女孩进入中学后，所学的知识在深度和强度上都比小学增加了很多，而且青春期的孩子已经感受到了成长压力，内心常处于矛盾状态，解决不好这个矛盾，就可能会急躁。此时，女孩需要一枚定海神针来保持内心的平静。女孩一定要明白学习是个循序渐进的过程，在这个过程中，除了学习知识外，还要提升学习能力，养成良好的学习习惯，才能真正取得好成绩。因此，不可以急躁。

1. 提高内在素养，控制急躁脾气

自私的人会在意自己的感受，容易主观，稍有不如意就情绪激动，甚至暴跳如雷。女孩要学会放宽心，心中装着更多人，即使不满意，也不要乱发脾气。

不与人比物质享受，思想富有、物欲不高者，常不以物喜、不以己悲，少有怨天尤人和患得患失，这就从根本上减少了急躁易怒的源头。在学习上，女孩要树立正确的学习观，即学习是为了获得知识，而不是考第一，这样，即使某次考试成绩差，也不会因此而生气，在写作业的时候，才不会匆匆忙忙完成，而是一丝不苟认真思考。

2. 不与他人比较

有时候急躁是盲目比较导致的。有的女孩平时喜欢跟人比，别人比自己写得快就着急，于是就加快速度，草草完成。学习是个人的事情，跟他人无关。学习的受益者是自己，好好学习，获得知识和技能，就提升了自身的竞争力，未来就更有前途。女孩要记得耐心学习、准确掌握知识，无须跟别人比。

3. 扎实掌握知识

一名初三的学生说，我很后悔在初一、初二的时候没有用心学习，现在想补回原来欠下的账深感力不从心。所以我想对学弟学妹们说，学习是个积累的过程，一口气是吃不成个胖子的。

学姐的肺腑之言，女孩一定要听一听。学习是个持续积累的过程，好成绩不可能"忽如一夜春风来，千树万树梨花开"，着急不如每天用功，扎实掌握各科知识。

一错再错时，别放过自己

月考结束后，老师非常生气，有一道题是课本上课后作业的原题，学生们早就做过了，居然很多同学都做错了。他很无奈地重新讲解这道题。这个时候，无意中听到一个学生小声嘀咕："这个题我原来错过。"这么一句话，引起了老师注意，他问同学们："这道题这次谁做错了？"有将近一半的同学举起手来。他接着又问："翻开作业本，看看，以前做题的时候，你做错没有？两次都做错的同学举起手来！"

找到原因：为什么错过还错

在学习上，有的时候就是需要对自己狠一点儿，严格要求才会更上一层楼。

学习过程中，很多孩子都有这样的体会，有的题目以前错过，改正了，以后再次遇到，很顺利地写出来了，却写错了。或者，以前不会的题目，认真做过，理解了，再次做的时候还是不会。

错过的题目为啥还会再错呢？主要原因有以下几个。

1. 没有真正理解掌握知识点

有的女孩做题的时候，手边放着答案，一不会做，就迫不及待去翻看答案。受到一点点启示，就会恍然大悟。原来这么简单呀，会了，会了。过几天再做，还是无从下手。

为什么会出现这种情况呢？看答案时觉得答案的每一步都很简单，自认为已经把题目理解透了，其实，并没有真正掌握知识点，再做类似题目的时候还不会。

有的女孩错了之后，看两眼知道错了，老师讲过，知道怎么做了，就放一边不管了。即使错了之后改正了，理解了正确的做法，当时只是短时记忆，过一段时间，没有通过复习转化成长时记忆，就遗忘了。对个体来讲，有没有掌握住，是个未知数。等再次面对这道题的时候，就很容易再次出错了。

2. 低估了错误原因

任何一道题做错都有原因，比如，"读题不准确""看错数据""运算水平差""没能准确理解题意"等，不管哪个原因都不是小事情，女孩需要细心钻研，才能改正。女孩认识不到这一点，错了就跟着老师的讲解改成正确的做法，而不细究错误原因。结果呢？这道题做对了，下一道类似的题目还是会出错。

3. 对"易错题"过于轻心

如果女孩足够细心，会发现有的题目读起来并不深奥，很容易下手，但是一不小心就会做错，这样的题目称为易错题。如果女孩不具备完善的知识储备和严谨解题的素养，就容易中了出题者的圈套。

学习中所犯的错误暴露了女孩在学习中存在的问题，需要及时改正，才能做到一次错了，以后不再错；一道题错了，类似题目不出同类错误。

长记性：一次错了，再也不错

在学习上，错误是一个非常有价值的存在，是个有力的提醒，提示女孩她还没有掌握这部分知识，还不能经得起考验。有了错题不能只重视纠正答案，还要注重查找错误的成因。这样，才能真正做到，一次错了，再也不错，才有充足的信心面对高考。

1. 做错了，先搞清为什么错

做错题目了，搞清为什么错，才能做到真正会做，不出错。比如，再次做题，还出错，而且犯的是和上次相同的错误，那么，就是没有掌握住知识。这时，女孩需要沉下心来，以谦虚的心态，耐心把这部分知识学会，然后多做几次练习，直到做对。

但这并不等于就百分之百记住了，还要按照先快后慢的规律复习几次，反复做几次题目。

如果错误原因是混淆了概念，那么，在复习旧有知识的基础上，还要找到新知识和旧体系的区别和联系，以及旧知识在新体系中的变化，真正掌握概念。

如果因为没有正确理解题目而出错，那么，就要在理解能力上下功夫，多做类似题目，多背诵概念，多读课本。

2. 开小灶，预防类似错误发生

如果哪道题目做错了，有了正确答案后，先理解一下，搞明白了后，就要多次复习。复习的时候，不但要明白错误发生的原因，还要写出正确答案。同时，寻找类似题目来练习，这样，才能预防类似错误发生。

3. 建立并用好错题本

很多女孩都有错题本，虽然错题都被集中起来了，但是对错题的改正效果并不理想。这是由于不知道怎么使用错题本导致的。

错题本上的内容要清晰、明了，纵向来看与课本知识相呼应。把同一章节的错题归到一起，有利于在一章一节结束后进行复习。先把错题抄下来，写明这道题是哪章哪节的课后习题或者哪个单元的测试题，标明错误的原因后，在旁边写出正确的题目。

时间长了，错题越来越多，对错误原因的分析总结很重要。这样，可以做一个横向的比较，在类似的错误题目那里做一下标注。比如，在第39题的边上写上第120题，在第120题的边上写上第39题。这样，可以了解哪类题目容易出错，更用心改正。

有些知识点会反复出现，或者在很多题目中都有涉及，比较同一个知识点在不同题目、不同时期的应用，改正起来更有针对性。有些题目已经真正掌握不会再犯错，这时应该删除。也就是错题本应该从薄到厚再从厚到薄。这样就不会产生复习中知识点的重复，浪费时间和精力。

用认真铸就优秀

王君忙着写作业，同桌考她一个单词——指向。王君蒙了！有位同学提示："小数点。"王君瞪大了眼睛说："别捣乱！"她的反应让同学不解，我明明是在提示你啊。同桌说："她在提示你呢。指向，也有一个意思是小数点。"王君还是发蒙。有同学说："point。"王君拍脑袋："哎！就早晨匆匆背了几遍，记得不透彻，大家这么一问，就蒙了。"

认真让你交好运

有的女孩学习不认真，写作业的时候，耳朵里塞着耳机，在听音乐，这样真的好吗？

注意力资源具有有限性，分配到几个方面，就无法满足做好某一件事情需要的注意力资源，效果就会大打折扣。但是，如果要学习的内容以多种形态刺激人的感觉通道的时候，就更加能够被注意。如何把注意力集中到所学内容上，并从多个角度去获取信息，是学习者该知道的高效学习方法，需要认真才能实现。

专心致志是学习认真的重要表现，也是实现认真学习的前提。所谓的专心，就是能把心思集中在一件事情上。

居里夫人是世界上首位获得诺贝尔奖的女性科学家，更是为数不多的两次获得诺贝尔奖的科学家之一。一位女性何以获得如此令世人瞩目的殊荣。人们都想从她的成长经历中找到一些秘诀，当居里夫人还是小姑娘的时候，她就非常热爱读书，在中学时期就掌握了五种语言。

有一次玛丽·居里在做功课，姐姐和一群小伙伴在家里唱歌、跳舞、做游戏，她们希望玛丽·居里也加入进来，但是玛丽·居里像没看见她们的快乐一样，在一旁专心地看书。姐姐和同学们悄悄地在玛丽·居里身后把椅子码得很高，只要她一动，椅子就会倒下来。大家一边玩耍一边留意她，时间一分一秒地过去了，玛丽·居里读完了一本书，可是椅子还是在那里好好的。

认真是一种负责的态度，严谨，不马虎，不但能完成眼下的任务，还能创造出奇迹，提升个人能力。与认真相伴的是仔细、负责、坚持、不怕困难，有这样的心劲，不光学习，做其他事情也能做好。一旦不认真，就会粗心、马虎、糊弄，导致写错字、看错数、记错概念、理解不透，而且不深究、不努力。

杨绛先生是著名的作家、翻译家，她在92岁高龄之时，重新提笔，打开尘封多年的记忆，写出了著作《我们仨》。她一生淡泊名利、荣辱不惊，只认真做事、认真学习、认真工作。

在学习上，女孩一定要做到"六认真"

认真学习涉及的内容很多，最基本的主要包括以下六点，如果女孩把这六点做到了，养成了习惯，那么，自然而然就能升级到更高标准的认真了。

1. 认真写字

郭沫若同志说，培养中学生写好字，不一定要人人成为书法家，总得把字写得合乎规范，比较端正、干净，容易认。这样养成习惯有好处，能够使人细心，容易集中意志，善于体贴人。草草了事，粗枝大叶，独行专断，是容易误事的。练习写字可以逐步免除这些毛病……

女孩如果能够练练书法，对于写出一笔好字很有帮助，即使不练书法，也应清楚、工整、准确，一笔一画地写字，做题也算是认真写字。

2. 认真预习

只要有必要预习的科目，女孩就要认真对待。通读课本、查找重点、写预习笔记、做课后习题等一步一步认真完成，而不是随便翻翻书就算预习了。

3. 认真听课

学习效果90%以上靠听课，好好听讲，就能把握住老师所讲的重点内容，理解难点，而且能够跟着老师的思路思维。所谓认真听课，就是上课跟着老师的思路走，配合老师的讲课需要，根据自己的认知记好笔记。

4. 认真完成作业

认真完成作业的基本，就是把作业完成、做对。作业是所学知识的练兵场，认真完成作业有助于准确掌握所学知识，正确应用所学知识，掌握解题思路。

5. 认真复习

复习是对抗遗忘的最好方法。只有及时、仔细地复习，才能巩固所学的知识，把所学的知识系统化，自如应用。特别是理科科目，如果不能很好地对所学知识进行系统化整理，知识散落于大脑中，缺少完整性，一遇到综合性的题目就只能乱套公式，不能快速解决问题。

6. 认真对待考试

考试是对所学知识掌握程度的检测，考试成绩是踏入高一级院校的凭证。女孩是否认真对待考试会影响考试成绩，直接影响对自己学习水平的认识。只有认真对待考试，才能通过答题情况发现自己在学习过程中存在的问题、对知识的掌握和运用情况，进而查找原因，研究出更好的学习策略。

女孩，从今天起，不要粗心、马虎

妈妈很疼爱娟娟，小的时候娟娟把家里那只漂亮的花瓶打碎了，妈妈都没有发怒，只是告诉女儿，有些东西，不小心，就会碎掉。女儿读初中以后，为了保护女儿的自尊，妈妈表现得更宽容了。

可是，今天妈妈发火了！脸涨得通红，说不出话来，一屁股坐到沙发上，妈妈实在气得不行了！"来来，你看看，数学卷上一共才几个题呀，你看看你错了多少！""你先别说话，你看看你做的这些题，错了多少！你再不细心一点，这次期末考试你又得考砸。""你想想，你每次为什么都没考好？为什么总是丢不该丢的分数呢？为什么不可以再认真一点？你就是以这样的态度学习的吗？"

娟娟仔细看过数学卷以后，也理解了妈妈。这次，很多学生被难题难住了，娟娟却做出来了，分数本可以是最高的，但是好多简单题目却做错了，难怪妈妈生气。看来，成功与失败的距离隔着一个马虎、大意啊！

马虎不是一切错误的理由

学习上马虎自然无法获得好成绩，人们常常把写作业、做题、考试的时候，草率、敷衍、疏忽大意、不细心的情况归结为马虎。女孩如果有这样的情况出现，一定要及时改正，否则养成习惯后，就是一位马大哈，非常影响学习、生活和未来的事业。

张培钰曾经是一名高考状元，谈起她的学习经历，有一段与马虎战斗的经历很值得敬佩。她很喜欢数学，但是曾屡屡因粗心大意丢分，那些题目明明会做，却一不留神丢了分，实在可惜。上高二的时候，张培钰下决心改掉马虎：她每天坚持做15道简单的小题目，然后看自己的准确率，坚持了一段时间，她很少在小题目上出错了。

由此看来，只要找到导致马虎的原因，并下定决心避免马虎，就能做到认真。

另外，在学习上，女孩千万不要把马虎当成一切错误的理由。到了中学阶段，很容易出现一种状况，就是看着题目会做，但是做的时候却做不对，女孩一定要注意，不要把出错的原因归结为马虎，而是自己确实没有准确掌握，处于一知半解的状态，以这种状态去考试，当然做不对。所以，女孩要重视所学的知识，扎扎实实地掌握，才能不出错。

力求认真，避免马虎

女孩要想不因为马虎影响学习效果，那么就要把马虎当个事儿，早防备。一旦有了马虎表现，应尽早努力克服。

1. 知识掌握得更牢固一些

在学习过程中，如果出现写错字、应该相加却相减、把今天看成明天、用错定理公式、混淆了词语的意思等错误，很多人会拍一下头，感叹自己又马虎了。与不会做相比，马虎好像不是大事，是低级错误，以后认真点就好了。

事情没有想象的这么简单！因为没有一个马虎学生想认真就能做到，很多学生习惯于把知识掌握得不牢固、不能熟练运用，有一种似曾相识的感觉，自我感觉会做其实不会做，容易断定为马虎。其实，这些都是没有真正掌握知识的表现。

在学习上，沉下心，踏踏实实把知识掌握住，多练习、多思考，不糊弄，不存侥幸心理，才能避免马虎。

2. 下决心改正粗心、大意

面对一些坏行为，女孩不能手软，下定决心改正的时候，就要给自己一点颜色瞧瞧。比如，某道题目因为计算不准确丢分了，改正后，如果下次还是出错，那么，就要惩罚一下自己，把这道题目做10遍，或者剥夺一项自己喜欢的事情的权利，有了疼痛感，长记性后，就会有好的行为出现。

当然了，如果哪次考试或者一段时间没有出现粗心、大意的情况，那么女孩可以自我鼓励一下，吃一顿大餐、买一本喜欢的书、看一场电影，都是不错的自我奖励的方法。

3. 不要害怕马虎

有的女孩马虎过几次后，就害怕了。觉得自己就是个爱马虎的人。于是，一考试就担心，担心自己哪里马虎了。被这样的焦虑情绪左右，会大大影响临场发挥。

女孩千万不要给自己贴上马虎的标签，更不要认定自己就是个马虎人。这样的消极心理暗示，会在心中留下难以摆脱的阴影，越来越马虎了。

即使马虎过，而且次数比较多，女孩也要乐观。乐观是一种接纳某种情境的方式，女孩接纳了自己眼下马虎的现实，也坚信能够改正，那么，就会积极地去改正。

写完了，检查一下吧

班里有个同学答题特别快，艳艳有点羡慕，也想体验一下第一个交卷的感受。反正只是一个小测验，做最坏的打算考个低分，牺牲一次，扛得住。这么想着，艳艳很快答完了题目；噔噔噔走到讲台前，把卷子交了！搞得同学们目瞪口呆，这么快啊！课后有同学开玩笑，说她是着急去厕所！

分数下来了，78分！这是艳艳上学以来考得最差的一次！连老师都不理解，怎么回事？艳艳当然不能说！自己看错了一道题目，以为是刚刚做过的题，结果题目跟原来的不一样，唉。不过也算长了经验，她在心里告诉自己，考完试，不检查可不行！

检查，是必须的解题过程

记忆时的舌尖效应、紧张时的大脑短路等会导致一些熟悉的知识点记忆不起来或者记忆不清楚，于是在写作业或者考试的时候可能会出错，或者解答得并不完美。但是，在检查的时候，就可能会纠正这些错误。检查相当于重新做了一遍，在检查的过程中，能发现不完美、错误、漏洞的地方，耐心读题，然后补充好不完全的地方、纠正错误！

大部分学生在考试的时候，都能做到考完就检查。而在写作业的时候，学生写完了就交差了，等着去玩呢，就不会花时间检查了。其实，检查是做题的过程，并不是根据自己情况定夺的附加环节。

检查是对已经完成的任务的查看，是重新来一遍。通过检查可以发现错误，挽回损失，提高正确率。检查的时候，女孩会对当下的学习任务进行再次分析，找到关键词语进行编码，重新构建心理模型，相当于重做了一遍。所以，检查除了可以完善当下的学习任务，还能复习、巩固、深入理解所用到的知识，找到更恰当的解题方法。一个能够耐心检查的学生，会形成认真、仔细的学习习惯。

检查时，要有目标

从头到尾把试卷检查一遍，就是为了纠错，发现遗漏，及时改正。检查的习惯是从做作业开始培养的，一个能够主动检查作业的孩子，懂得检查的重要性，即使在考试的时候，也很重视检查，会在答题的时候就留意哪道题做得不够理想，等答完重点检查。

1. 拾漏补遗

检查的时候，要找出漏掉的题目，字迹不清，填涂不清或错误的地方。

丢题是考试时常有的事情。一紧张、一走神就可能丢掉某道题。一着急，就可能字迹不清楚。为了防止丢题，答完试卷后，第一件事情，就是看答题卡，有没有漏答或者答串的情况。

2. 重新审题

答题从审题开始，检查的时候，一定要把以前的审题清零，重新审一遍题。看看是否正确领会了题意，是否看错了条件，是否看错了问题。如果有，及时改正。

3. 检查答题情况

在考试中，因为情绪波动可能导致思维混乱，反映在答题中，可能是词不达意、语句不通顺、重复啰唆，甚至有的地方不能自圆其说，前后矛盾。整张试卷答完后，脑子变得更加冷静，认真梳理、修正后，就可以解决了。

在检查概念题时，主要看所答内容是否写得足够准确和全面，有没有笔误发生。

在检查简答题或论述题时，除了重新审题外，还要对整个答题的思路、论证的过程、展开的层次、所答内容等进行系统的检查，看看它们是否有漏洞或不足，及时地加以调整与补充。

在检查计算题时，先看有没有写错数字，计算中有没有算错。最方便的方法是把结果代入题目中，看是否吻合。

4. 对照草稿纸

做题时会在草稿纸上验算，验算的字迹尽量清楚，一旦检查的时候得出的结果和第一遍的结果不一样，可以对照草稿纸，细细查找问题出在哪里。拿不准的题，在草稿上标明，以备答完整张试卷后再重新做一遍。

5. 冷静检查

女孩检查的时候要冷静、清醒，像做题一样仔细，不要觉得答得不错就一带而过。发现疑点时要稳住，等确认后再改正。不能慌慌张张地把对的也看成错的，急急忙忙修改，一旦改错了，会把卷面涂乱，就没地方写正确的了。

第1章
青春期女孩记忆派
——对抗遗忘，彻底记住

记忆力也会骗人！女孩，你知道吗？它会用记住的假象迷惑你！当你胸有成竹地去考试、满怀自信地回答问题的时候，脑子却一片空白。什么原因呢？因为人脑有遗忘的功能，储存在短时记忆里的知识，如果没有经过精细复述，就回忆不起来了。

你经常被记忆欺骗吗

课堂上，巧巧急得直拍脑袋，有一道题要用到圆的标准方程公式 $(x-a)^2 + (y-b)^2 = r^2$，这个公式自己背诵了十几遍，还默写了，当时是记住了的呀。而且，早晨上学前，还看了一遍书，怎么到了做题的时候就拿不准了呢？得出的结果明显不靠谱啊。巧巧左思右想，连这个公式的一般式都记不起来了。她非常沮丧，怎么也搞不懂是怎么回事，明明记住了，做题的时候为什么就想不起来了。

揭开真相：短时记忆并不能长时间储存记忆

在学习的时候，明明理解并记住的内容，回忆的时候却提取不出来，而且越着急，越想不起来，是不是很尴尬呢？谁都不想这样，女孩当然也一样不希望自己在答题的时候突然大脑就短路了。

那么，就深入了解一下记忆是怎么回事吧。

当一个人觉得记住了的时候，信息可能储存在了短时记忆里。记忆包括两种形式，一种是短时记忆，另一种是长时记忆。外部信息经过感觉通道先进入短时记忆。短时记忆是信息进入长时记忆的一个容量有限的缓冲器和加工器。容量以内的信息在短时记忆中可短暂地保持。

长时记忆是个真正的信息库，它有巨大的容量，可长期保持信息。长时记忆存储着我们关于世界的一切知识，为人们的一切活动提供必要的知识基础，使人们能够识别各种模式，进行学习，运用语言，进行推理和解决问题。

人们之所以能够将现在的信息保存下来供将来使用，或将过去储存的信息用于现在，就是因为有长时记忆这个信息库。女孩学的知识越多地储存在长时记忆里，提取起来也就越容易，记忆的效率也就越高。

当女孩觉得自己已经记住了某部分知识的时候，可能是在短时记忆中短暂保存，这种情况下，需要及时复述，才能进入长时记忆，还需要不断地复述和应用，才会被永久记住。知识被复述和使用的次数越多，越不容易被遗忘。

牢固掌握所学知识：精细复述

什么是牢固掌握？最基本的，就是储存在长时记忆里，应用的时候能够提取出来！表现在学习方面，就是不管是写作业还是考试，不管题目的类型是什么样的，只要是学过的内容，都能够顺利提取出来用以分析题目，构建解题的心理模型，最后解答出来。

心理学研究认为，复述是短时记忆信息储存的有效方法。复述加深了对目标信息的记忆，可以防止短时记忆中的信息受到无关刺激的干扰而遗忘。复述又分为两种，一种是机械复述或者保持性复述，一种是精细复述。这两种复述形式都很重要，只是需要根据不同的情境进行选择。

面对新学习的知识，或者理解起来比较有难度的知识，是一定要用到精细复述的。机械复述是将短时记忆中的信息不断地简单重复。精细复述将短时记忆中的信息进行分析，使之与已有的经验建立起联系。

心理学家通过实验得出结论，简单的机械复述并不能导致较好的记忆效果，精细复述是短时记忆存储的重要条件。意思是说，如果没有经过精细复述，即使已经记住了的知识，也会因为被其他信息的干扰而遗忘，但是被精细复述过的信息，就另当别论了。因为在精细复述的过程中，把要记忆内容与以往的知识体系相联系，形成有意义的、便于记忆的组块，达到理解的程度，就能很快记住。

回忆：打开你的知识宝藏

谈起学习诀窍，曾经是山西省文科高考状元的王越说她喜欢"回忆"。每天课程结束后，她都会想想今天学习的内容、老师讲了什么、自己又学到了什么。王越说："当时高考总分是老师告诉我的，当时听到这个消息有点恍惚，缓过神来还是很高兴的。然后不少学弟学妹都追问我学得这么好有什么秘诀，我个人的学习诀窍是回忆，不断在脑海中回想学过的知识点，巩固记忆、融会贯通，更加深刻、全面地理解各学科的知识。"

回忆能促进记忆、检验记忆

回忆是人们对过去经历过的事物以形象或概念的形式在头脑中重新出现的过程。例如，考试时学生根据考题回忆以前学过的知识；为了促进记忆有意识地让某个知识点在大脑里再现；为了避免遗忘，把某个知识点反复在脑子里过几遍。

1. 回忆是最好的记忆方法

回忆是最好的记忆方法。通过回忆，可以检验是否记住了。还可以加深对已经学过的知识的理解和记忆，提取的时候更快捷。在回忆某些特定知识的过程中，如果与以往所学的知识进行连接，还能促进知识的融会贯通。

2. 回忆能够检验是否记住所学知识

回忆是一件随时随地都可以进行的事情，有的时候还会增进睡眠。中午休息或者晚上上床以后，闭眼回忆所学的知识，无论是什么，无论哪一科，能够想起来的就是记住了，想不起来的，第二天翻看一下书本。在进入休息状态以前的时光里，做这件事，真是惬意又自在啊。

3. 回忆能够促进记忆

考试结束后，如果哪道题做得不够满意，一交卷，就会找同学对证答案，或者翻书对照。不管对错，都会对这个知识点有很深的记忆，从此就记住了！为什么呢？学习和信息加工过程受到情绪的影响。女孩更容易记住那些引起自己情绪反应或与自己个体兴趣有关的内容。

有的女孩认为考完了，就过去了，其实，任何一次考试都如同做题一样主要目的在于促进学习而不是比较分数的高低，借着考试后的兴奋对一下答案，如果真的有做错的题目，更容易记住。

畅快回忆，要处理好的几个问题

回忆知识能够促进学习。闲暇了躺在阳台晒太阳的时候、晚上睡不着觉的时候、哪道题反复出错需要加深记忆的时候，都可以用回忆知识的方法学习。为了让回忆能够更加促进学习，在回忆过程中要注意几下几点。

1. 根据回忆内容选择回忆时间

回忆的时候，要根据回忆内容选择回忆时间。

回忆当天所讲的新课内容，可以选择睡觉前躺在床上，事先把课本放在床头柜上，关灯，闭上眼睛去想老师今天主要讲了什么、重点是什么。如果想不起来，就打开灯，翻开书看一看。

回忆老师已经订正的试卷里的错误题目、老师强调的重点内容，可以选择在周末休闲的时间，舒服地坐在书桌前，面前放好纸和笔，一边想一边写，遇到想不起来的，就翻开试卷看一看。

2. 处理好"舌尖效应"

回忆通常以联想为基础，在回忆过程中经常会发生提取信息的困难，这可能是由于干扰引起的。例如，考试时，明知考题的答案，什么时候做过类似题目或者该知识点在书上的哪个章节都知道，就是想不起来！这种明明知道而当时又回忆不起来的现象叫"舌尖现象"，即话到嘴边又说不出来。导致这种情况发生的原因可能是由于环境变化导致的情绪紧张，克服这种现象的简便方法是：当时回忆；经过一段时间后再进行回忆；平时多回忆几遍。如果在回忆过程中出现"舌尖现象"，就暂时停下回忆，不要去翻书，过一会儿再回忆，可能就会想起来。

3. 难以记住的知识，可以贴纸条

我国明末清初文学家叶奕绳，记忆力极差，读书时往往前读后忘。他没有因此而放弃，而是发奋刻苦，想出笨鸟先飞的办法。每读一本，凡是他喜欢的篇章、段落、格言和警句，就用纸抄下，认真读十余遍，再一张张贴在墙上，每日写十来段，每当做事累了，休息时就在房间里边走边读墙上的纸片，直至读得烂熟，四壁贴满了纸片，取下收藏，再贴新的，一年以后，就积累3000段精彩文字。由于有了丰富的积累，写文章的时候就下笔如神，后来成为学识渊博、文采横溢、擅长戏曲的著名文学家。

记不住：记忆内容会相互抑制

范莹是一名才女，成绩好，是大家都看好的重点大学的苗子，具有高超的背诵能力，雅号"背神"！不管多么佶屈聱牙的内容，也不管段落多么长，她都能很快搞定。很多同学羡慕她脑子太好使了！她则笑笑说，什么脑子好使，我会想办法而已！你们也可以试试，把背诵内容分成几个部分，分别背诵，再串联起来，看是不是很容易了？

记忆时，会有"系列位置效应"

精于学习的女孩可能会发现，背诵一段文章，开头和结尾先记住了，中间部分不是记混就是记错，要么直接记不住。为什么每次拖后腿的都是中间部分呢？怎么回事呢？

在记忆的时候，对于一系列处于不同位置的记忆材料，会有不同的记忆效果，接近开头和末尾的材料的记忆效果好于中间部分的记忆效果，心理学把这种现象就叫作系列位置效应。

中学生的记忆内容非常广泛，涉及各个科目，内容也比较多，难免会发生知识之间打架的现象。女孩要想让知识之间"和解"，需要懂得知识是如何互相干扰的。

在学习的过程中，新进入记忆系统的信息和已经进入记忆系统的信息相互干扰，使其强度减弱，从而导致遗忘。干扰又分为前摄抑制和倒摄抑制两种。前摄抑制是指先前学习的材料，对识记和回忆后学习的材料的干扰作用；后摄抑制是指后学习的材料，对识记和回忆先前学习的材料的干扰作用。

很显然，当记忆材料的时候，中间部分受到了前面内容和后面内容的干扰，即同时受到了前摄抑制和倒摄抑制，记忆效果会比较差。而材料的开头部分只受到倒摄抑制，结尾部分只受到前摄抑制，这两部分受到的"抑制"少一倍，记忆起来会更容易。女孩一定要清楚，当面前摆着一份记忆材料的时候，与两边相比，中间部分的材料记忆效果最差，而两头相对来讲就要好许多。

记忆可以有理想状态：无干扰

既然知识之间会有干扰，那么记忆的时候就要避开干扰，才能避免遗忘，提高记忆效率。

1. 抓住记忆的好时光

一般说来，清晨的记忆效果较好。因为在清晨，大脑已经休息了一晚上，人的精神此时处于最佳状态，大脑既清醒又轻松，没有当日记忆中的前摄抑制和后摄抑制，能记住较多的信息，效率较高。

如果是在中午或下午第三、四节课的时间进行记忆，效果自然不好，因为这时的大脑已经有了负荷，有了当日记忆中的前摄抑制。"一年之计在于春，一日之计在于晨"，用这句话的后面一句来类比记忆的最佳时间，也是恰当的。

在一定条件下，晚上正常睡觉之前一两小时内，记忆效果也是较好的。这"一定的条件"就是指中午必须睡午觉，并且下午课外活动应该有 30 分钟左右的体育锻炼。中午没能睡午觉，晚饭前后也应争取睡 40 分钟左右的下午觉。缺乏"一定的条件"这个前提，晚上睡觉之前的一两小时内，就不可能有较好的记忆效果。

另外，考试也有助于记忆。美国普渡大学研究发现，学习新知识后马上考试，掌握程度更好。这一现象被称为考试效应。合理的考试有助于学生把知识更牢固地嵌入知识系统中。不管是月考还是季度考，女孩都不要反感，以积极的心态面对，更能促进学习。

2. 在记忆内容上做文章

如果记忆内容比较多，知识之间就会发生抑制，不容易记住，也很容易遗忘。缩小记忆内容，是减少抑制的重要方法。如何缩小记忆内容呢？

把单词、概念、名词解释、公式等文字少的内容写在小纸条上，利用零碎时间来记忆，每次记忆的时候，只有一小部分内容就可以避免抑制。

中学阶段所学科目较多，单科内容也较复杂，要记忆的内容也多。在记忆的时候，女孩可以按照科目交叉来做。这样，由于所记忆的知识没有相似性，就不容易遗忘了。

其实，背诵法很"高大上"

李敏平背诵了快 1 小时了，"臣本布衣，躬耕于南阳，苟全性命于乱世，不求闻达于诸侯。先帝不以臣卑鄙，猥自枉屈，三顾臣于草庐之中，咨臣以当世之事，由是感激，遂许先帝以驱驰。"闭上眼，默背一下，总算记住了！

第二天，有同学说，我给你出道填空题。先帝不以臣卑鄙，_____，三顾臣于草庐之中，_____，由是感激，_____。李敏平看了又看，却写不出来。

李敏平纳闷，难道自己没有记住吗？同桌说，那你先给我解释解释这段话的意思吧！李敏平解释不出来。同学说，你没有理解，当然记忆不够牢固啊！

背诵，能够丰富你的记忆库

著名教育家俞敏洪说，做事情不在于泛，而在于精。俞敏洪准备第三次高考的时候，在补习班里，曹老师让他们背诵 300 个词语，俞敏洪很认真地把这些词语背得滚瓜烂熟，最后考上了北大西语系。他说，英语学习其实很简单，如果你有毅力把几十篇中等难度的文章背熟练，弄懂里面的句子意思和语法，你就有可能成为半个英语专家。在此基础上，再继续背诵、搞懂意思和语法，终会成为英语专家、学习专家。

学习知识离不开背诵，背诵是一项基本功，很多成绩优异的学生都不排斥背诵，这是因为背诵有很多好处。

1. 背诵可以丰富大脑储备

著名教育家朱光潜先生在《从我怎样学国文说起》中说："私塾的读书程序是先背诵后理解。在'开讲'时，我能了解的很少，可是熟读成诵，一句一句地在舌头上滚将下去，还拉一点腔调，在儿童时却是一件乐事。我现在所记得的书，大半还是儿时背诵过的，当时虽不甚了了，现在回忆起来，不断地有新领悟，其中意味，确是深长。"

2. 背诵可以提升记忆力

美国著名大众演说家简理机先生说："好好发展我们的记忆力吧。一般人只用了百分之几。背诵好文章越多，你的记性越好。"背诵是增强记忆力的好方法。马克思青年时就是用不熟练的外文背诵诗歌，锻炼自己的记忆力的。女孩把该背诵的内容背诵下来，每天复习一二十分钟，不但掌握了要记忆的知识，也增强了记忆力。

大量的背诵是有机的、整体性的记忆，能够使得知识在大脑里面形成有机的记忆结构，与背诵很少的知识相比，经常背诵、已经背诵了很多知识的人更善于背诵。女孩不妨多背诵，扩大大脑的容量，增强记忆力。

3. 背诵可以获得、提升语感

按照内隐学习的理论，对一些符合文字规则的精品进行过度记忆会使个体能够随心所欲地驾驭文字及其组句规则，持之以恒的背诵带来了某种惊人的能力——语感。即使不是背诵课本，多背诵也有助于认识语法规律，掌握遣词造句的诀窍，使语言文字通顺畅达、灵巧铿锵。

"熟读唐诗三百首，不会作诗也会吟。"背诵是培养语言感知能力、提高语言水平行之有效的方法。语感是对语言从形式到内容，包括语音、语义、语法、语用在内的综合的感知、领悟和把握的能力。人们获得语感的过程是自动的，无须意识努力去发现语言结构的规则，却可以在言语行为中准确地使用它们；语感获得后人们就能对语言规则进行迁移，从而在以后的言语活动中更加自如地运用这些规则；人们对语感的认识是"只可意会，不可言传"。

4. 背诵有利于写作

"读书破万卷，下笔如有神。"毫不夸张地说，"能倒背如流大量的文章，能脱口而出大量的句子，就一定能随手写出漂亮的文章"。"你背诵的每篇文章都会在你的大脑里形成一块模板，每当你遇到类似的主题，句子就从大脑中涌出来，一篇漂亮的文章就这样自然而然地出炉了。"

先理解后背诵，才能真正记住

背诵，最忌讳的是死记硬背。死记硬背虽然记住了，但是由于没有理解，没有纳入知识体系中，没有真正成为自己的知识，提取的时候就比较困难，很容易遗忘。

1. 先理解后背诵

教育家苏霍姆林斯基早在他的《给教师的一百条建议》中就有过论述："一种不好的做法是，对于那些作为概括性的东西的本源的材料，应当加以深入思考的，学生却在背诵它。结果使得记忆负担过重，以致在学生的头脑里，连那些为了进一步顺利学习而必须记住的材料也无法保持。""如果一条规则是没有经过透彻思考过足够数量的事实而硬背下来的，那么学生可能记住了它，但是却不懂得它，因而就连记忆也是不会牢固的。"

艾宾浩斯在实验中发现，记住 12 个无意义音节，平均需要重复 16.5 次。为了记住 36 个无意义音节，需重复 54 次。而记忆 6 首诗中的 480 个音节，平均只需要重复 8 次！

这个实验告诉我们，凡是理解了的知识，就能记得迅速，全面而牢固。记忆的效果越好，遗忘得也越慢，死记硬背费力不讨好。理解是背诵的基础，对要背诵的文章，首先要尽量深刻地理解文章的意义。然后在这个基础上去背诵全文，这样就会背得快，而且不容易忘记。

2. 理解得越深入，记忆得越快

记住了也会忘记的。所以，在理解知识、记住知识的基础上，要勤于复习，重复训练才不会忘记。女孩不要觉得重复训练是浪费精力，无论什么内容，每重复记忆一遍就能深入理解一些，特别是有意识地去理解，效果更好。

举个例子，背诵一篇文章，从理解整篇内容入手，运用所学语言和知识捕捉重要语言线索，对所读文章获得总体印象，然后分段找出中心思想和重要信息，对文章进行表层理解；在此基础上，来理解作者的意图和立场，对篇章进行深层理解。熟读后背诵课文。

3. 多读几遍

读一本书，一遍下来，觉得没看懂什么意思，多读几遍，就明白了。古人云："书读千遍，其意自见。"明末顾炎武每年用九个月读新书，三个月读已读过的书。我国著名科学家茅以升，记忆力惊人的原因是"重复、重复、再重复"。重复几遍，不仅能加深对书本知识的理解，还能增强记忆。

最适度的 "过度记忆法"

吃罢晚饭，席木元就开始背诵《桃花源记》，这首诗的意境太美了，席木元太喜欢了！一定要背诵得滚瓜烂熟，一张嘴就能 "林尽水源，便得一山，山有小口，仿佛若有光。便舍船，从口入。初极狭，才通人。复行数十步，豁然开朗"。

可是，背诵了好一会儿，都达不到这种熟练程度。席木元有点泄气，妈妈说："你多背诵一会儿，更熟练一些，不就有了脱口而出的效果了。"

过度记忆法，重在 "最适度"

美国心理学家莫尔说过：要想在一段时间之后有好的保持和回忆，就必须进行过度学习。事实证明，过度学习往往比一般学习的效果要好。过度学习法，就是充分运用记忆和遗忘规律，通过过度学习来实现过度记忆。

什么叫过度记忆法呢？美国一位心理学家下了这样的定义，识记某一材料达到最低限度熟记时，继续学习或复习。简单说，就是在 "记住" 和 "学会" 的基础上，再继续学习，继续把某种知识和技能学习到接近学习者的最高潜能程度的学习方法。

德国心理学家艾宾浩斯曾经进行过 "过度记忆" 实验。他用不同的过度次数去记忆几组 16 个无意义音节，在达到刚能背诵时，对第一组多读 8 次，对第二组多读 16 次，对最后一组多读 64 次。间隔 24 小时后复习，直到能够正确背诵为止。结果发现，保持记忆的百分比几乎与 "过度" 的次数相等，即超读 64 次的多保持了 64%，并且总结出，这个数相对成了极限。这个实验说明：为了提高记忆效率，应该对识记材料进行超量记忆。

但是，人脑会疲惫，人的时间也有限，无限制的过度则会出现 "报酬递减" 的情况，可能会产生注意力分散、厌倦、疲劳等消极影响，大大降低了学习效率。

为了让女孩在学习过程中恰到好处地"过度"，需要寻找一个"最适度"。那么，过度记忆到什么程度为好呢？

心理学家做过这样的实验：让三组被试者练习画手指迷宫，第一组练到恰能正确地画出为止，第二组多做50%的练习，第三组多做100%的练习。隔一段时间后测验，结果是多做50%练习的，记忆效果显著提高，而超过50%的，记忆效果并不随之再有显著的增长。由此可见，过度记忆也不是越多越好，过度次数与记忆效果并不保持相同的增加幅度。心理学实验认为：如果以刚刚记住的时间为100%，那么，过度记忆的最佳值为150%，再少则效果不显著；再多则耗时费力，得不偿失。

女孩对自己的学习能力已经有了一些认识，在记忆一段内容的时候，可以先根据自身的学习基础和不同学科、不同内容来确定过度学习的"基点度"和"最适度"。"基点度"是指达到"记住"和"学会"的学习次数或学习时间；"最适度"是在"基点度"的基础上增加学习次数或者时间的50%。

灵活运用"过度记忆法"

过度记忆法有利于更高效地掌握所学知识，中学生学习任务重、生活内容多、社会交往时间增加，如果安排不得当，难免会出现时间上的"捉襟见肘"。如何做到更高效地掌握所学知识？需要学会灵活运用"过度记忆法"。

1．"过度记忆"要把握好度

大纲对所学知识的要求分为熟练掌握、掌握、理解、了解等，运用过度记忆法主要是对重要的、基础的知识而言，而不是不分主次，早就掌握的知识或者通过基础知识推导出来的内容，就不用过度记忆法了。

2．出过错儿的知识更要过度记忆

在写作业或者考试过程中，如果出了错误，不但要细心改正过来，还要对正确知识和解题方法过度记忆。以便于将正确知识"结构化"，通过增强"连接"来建构更为稳固的知识体系。

3．视情况而定

这个过度一定要视情况而定，如果时间允许，可以一次性达到150%，但这并不等于以后就不需要复习了。如果时间不允许，可以分两三次达到150%，但为了记忆得更牢固，过后仍然要复习。

比较记忆法，促进记忆

三角函数这块讲完了，婷婷也彻底糊涂了，什么两角和公式、倍角公式、半角公式、和差化积，搞不清哪个是哪个了，做题的时候更不知道该用哪个，而且还经常记混。

婷婷想，不管题多么难，只要我下足功夫，就能掌握住。她一个一个来，先把两角和公式搞明白，记清楚，掌握扎实，然后再掌握倍角公式，把所有公式都掌握后，然后她再放在一起，从外形、内涵、应用范围三个特点来具体区分，这样比较着再记忆几遍后，就掌握得特别扎实了。

比较记忆法能够促进记忆

在学习的过程中，知识混淆的情况屡见不鲜，无论是字词还是公式，面貌、意义相似的还真不少。面对知识间的"姻亲"关系，怎么办才好呢？

心理学表明：事物的特点通常在与其他事物的对比中显示出来。正所谓"有比较才有鉴别"，对一些相近的、相似的知识，通过比较分析，能理解得更深刻。

不同知识点之间会有一定的联系，比如，两个四字成语可能会有三个字是一样的、两个成语互为反义词、数学概念互相包含等。知识之间是互相联系的，学习新知识的时候如果能想到旧知识，甚至是其他学科的知识，把该门知识与其他知识联系起来比较、区分，记忆起来就会容易很多。

赵伟是一名高二的学生，学习成绩一直名列前茅。在同学眼里，他有着超人的记忆力。不管什么难记的内容，赵伟都能想办法记住。

学习政治、历史、地理时，要背诵的内容多。他会根据当下的背诵内容寻找已经学过的类似内容，仔细找到相同点或者不同点，这样，有已经掌握的知识垫底，理解起来就快了很多。

将知识点与以往学过的知识比较，比如，压强与压力、压力与重力、物质密度与物体密度、溶化与熔化等。通过比较，找出它们的异同点，发现知识之间的区别与联系，不易混淆。

学会运用比较记忆法

既然比较记忆法有助于理解和记忆，那么，女孩有必要着重学习一下怎么比较才能快速记住，以免被相似度高的知识迷惑掉入"坑里"。

1. 对立比较法

记忆时，把相互对立的事物放在一起，能形成鲜明的对比，容易在大脑中留下清晰的印象。进行对比联想的时候，是根据知识点想到相反的知识。

例如：记忆民主这个词，可以联系着专政这个词；记忆有理数的时候，要联系着无理数等。这样不但记忆快，记忆效率也会很高。

在运用对立记忆法的时候，可以列出表格，这样，可以把要记忆的内容清晰地呈现出来。形象生动，有利于记忆。

2. 类似比较法

一些表面上相似的知识，在本质上却有很大差异，记忆时，可以找出相似的内容来予以比较。

例如：记忆浓盐酸的密度时，$1.19g/cm^3$ 这个数字很难记，可以联想到火警电话为 119，张骞第二次出使西域的时间为公元前 119 年。这样，同时温习了三种知识。

"熟视无睹"和"视而不见"，二者都有"没看见"的意思，但一比较，前者多个"熟"字，也就比后者多一层"看得多了"的意思，与原句语境不符，应该用后者。

3. 横向比较法

在学习过程中，存在着许多同类的不同事物。横向比较是同时代、同品种、同类性质的事物进行比较。比如，学习俄国的"十月革命"的时候，可以与德国的"十一月革命"进行对比记忆。

4. 纵向比较法

纵向比较法指新旧知识之间的比较，在接触新知识时，把它与头脑中已有的旧知识相比较，找出相同之处或者不同之处。

让记忆力升级，记忆效果好

赵岩最近一直在思考一个问题：怎么能让大脑像电脑一样升升级，运转得快一些呢？要学的知识那么多，哪个都不是省脑细胞的，每次学到最后，感觉大脑都锈死了。他还想着，留点时间去游泳、跳舞，可是，每天写完作业就很晚了。

不良的生活习惯伤害大脑记忆力

多年从事记忆研究的英国爱丁堡大学心理学专家罗伯特·洛基教授在接受英国《每日邮报》采访时指出，人们过去常将健忘等记忆力下降的表现归咎于衰老，然而近年来多项国际研究发现，不良生活习惯才是破坏记忆力的罪魁祸首。

为研究睡眠对记忆的影响，美国纽约大学华人学者甘文标及其研究团队培育了两种小鼠，让它们学习在旋转棒上站稳，其中一种小鼠学习一小时后睡眠 7 小时，另一种小鼠学习的时间相同但不准睡眠。研究人员利用双光子成像技术观察小鼠大脑的运动皮层，发现有睡眠的小鼠会长出较多的新突触，学习能力较强，而睡眠被剥夺的小鼠则基本没有新突触生长，学习能力相对较弱。

甘文标教授说："这项成果对小孩子学习特别重要。如果你不停地学习，甚至牺牲睡眠来学习，那是不行的，因为大脑神经元不会有新突触形成，你根本记不住。"

除了睡眠不足会影响记忆力外，还有很多不良习惯对记忆力也有很大伤害。

英国伦敦大学学院最新研究发现，长期大量饮酒可导致大脑萎缩，中年时酗酒者出现记忆衰退的时间比喝酒较少者提前了 6 年。因此，必须控制饮酒量，小酌怡情，豪饮伤身。美国南加州大学研究指出，常喝含高浓度糖分的甜饮料可损伤大脑海马区细胞，干扰正常功能，降低记忆力。尤其是未成年人，青少年时期常喝高糖饮料可能影响成年后的记忆力。

刊登在美国《医学日报》上的报道指出，肥胖者出现记忆丧失的风险高出体重正常者 3 倍。减肥可提高人体调节血糖的能力，利于大脑海马区健康，能改善记忆力。

美国最新研究指出，睡眠不足会导致脑细胞死亡。每晚睡眠 4~5 小时，连续三晚，便可杀死 25% 的脑细胞。相反，美国纽约大学研究发现，保持充足睡眠，利于加强神经元之间的联系，增强记忆力。

做聪明女孩，养好记忆力

酗酒、熬夜、不运动等不良生活习惯会伤害记忆力，女孩除了不要养成这样的不良习惯外，还要多做一些提高记忆力的事情。

1. 常微笑可改善记忆力

据英国《每日邮报》报道，美国加州洛马林达大学的研究人员发现，微笑可以让大脑进入真正的冥想状态，进而增强记忆力。

这项研究成果表明，微笑可以减轻如皮质醇这样有害的压力激素对记忆海马神经元的损伤、降低血压、增强血液流通、改善心情。这些积极有利的脑神经化学反应又反过来促使记忆系统更好地工作。

女孩要养成微笑的习惯，不仅高兴的时候笑一笑，吃亏的时候、与人见面的时候、吵架的时候、疼痛的时候，也要放下负面情绪，对自己笑一笑！不但改变了心情，促进健康，还能提升记忆力！

2. 坚持体育锻炼能增强记忆力

据美国《医学快报》报道，美国密歇根州立大学的认知神经科学家发现，坚持体育活动，特别是进行有氧运动，可以改善人的长期记忆力。中学生学习任务比较重，刻苦学习难免会造成大脑疲劳，影响记忆力，导致学习效率下降。学习时间久了，不妨出去锻炼一会儿，打打球、散散步、跳跳舞、跳跳绳、做点小家务等都是很好的有氧运动。

3. 保证睡眠质量

想要好记忆，得有好睡眠。科学研究发现：当人进入深度睡眠时，大脑神经元会长出新的突触，加强神经元之间的联系，从而巩固和加强记忆。

女孩要树立一个观念，睡眠是为了更好地学习，而不是浪费时间。对成人来说，晚上 11 点前睡觉，早上 6~7 点起床，比较合适。中学生最好达到 8 小时，如果学习很紧张，也不能少于 7 小时。

第 8 章
青春期女孩考试派
——从容学习，稳妥得高分

考试分数是阶段学习效果的验证。一般情况，如果平时学习努力，考试能正常发挥，成绩就不会差！那么，如何做到正常发挥，轻松应对每场考试呢？关键在于学习的时候要从容，考试的时候要淡定。

好成绩方向标：自我肯定思维模式

张一楠有个习惯，就是每次考试，都会对自己说，"我很认真地复习了，努力去考试！"考过后，还会奖励自己吃个冰淇淋。这个习惯都有好几年了。她说，"就算不吃这个冰淇淋，我也照样好好学习！"但是，自我奖励后心中就会有一份满足感，觉得自己那么努力，有资格吃这个冰淇淋！吃的过程，心情放松，吃完后，就像给自己加了油一样，更有信心面对后面的学习了。

自我肯定者，考场发挥好

当下，一些家庭为了督促孩子好好学习，设置了奖学金，成绩好就给予各种奖励，以物质奖励居多。导致孩子考好了无限兴奋，考不出好成绩就跟吃了大亏似的。只顾着盼奖励，忽略了自我感受，逐渐地就失去了自我肯定的能力。

学习是学生的天职，在学习过程中不断地自我肯定，会让自己进入一个良好的学习状态中，获得较好的自我效能感。自我效能感提升后，更能迎接具有挑战性的学习任务。在考试中，处于自我肯定状态中的学生出错少。

心理学家做过一个实验，以 38 名本科生作为被试对象，通过一个著名的大脑反应——错误相关负电位直接测量。所谓错误相关负电位，意思是如果被试对象在完成任务中出现错误时，100 毫秒内大脑会出现一个明显的脑电波反应。

开始前，研究员随机将被试对象分配到两个组，一组是自我肯定组，另一组是无肯定组。在自我肯定组中，参与者被要求对审美、社会、政治、宗教、经济和理论六项价值观按照从最重要到最次要的顺序排序。然后，用 5 分钟时间笔答为什么排第一的价值观对他们来说最重要。在无肯定组中，参与者按照同样的价值观排序后，需要笔答的内容是：为什么排第一的价值观对他们来说并非相当重要。

在给价值观排序后，参与者会完成一个关于自我控制的测试——"去或留"，去用字母"M"表示，留用字母"W"表示。实验要求，当屏幕中出现字幕"M"

时就按一下按钮；出现字幕"W"就克制住，不去按按钮。一旦被试对象答错，屏幕就会反馈出"错误"两个字。

整个过程，被试对象的脑部反应会以脑电图的形式被记录下来。答对时，自我肯定组和无肯定组的参与者显示的脑部活动很相似。而答错时，自我肯定组的参与者错误相关负电位则出现明显的高点。从实验结果可以看出，被自我肯定的人更容易接受错误，更能够快速改正错误，出错概率小。

所以，那些拥有自我肯定习惯的孩子，当他们在学习或者考试中出现了错误的时候，不会因此消沉，即使在考试的时候，他们也不会因此影响临场发挥。

考试结束后，学习上的自信使得她们把精力放在改错上，努力弥补知识掌握上的不足，搞定后他们的积极的自我实现预言就开始了，她们因此变得更加积极、主动。

以自我肯定的状态学习

女孩在学习过程中处于自我肯定的状态，不仅学习效率高，而且考试时就会更有信心。

1. 在学习过程中，不断看到自己的进步

任何一次学习上的进步都有原因，比如，上课认真听讲，课后复习及时，加强课后阅读等。肯定一下自己在学习上好的变化，有利于继续努力。

即使某一次考试成绩很低，也要自我肯定一下："还好，没有更差一些！"立马进入修正错误题目的工作中，这次失败就不会形成打击，女孩不会因此自我否定。

2. 千万不要把进步归功于聪明

有的孩子学习进步后，觉得自己大脑好使，学得快，才考了好成绩。或者最近一段老师重视自己，学习状态好，才获得了好成绩。父母没有唠叨，也没有监督自己，在自由状态下学习效率更高。即使有这些方面的原因，也不是主要原因。任何知识，要牢固掌握并熟练应用，都需要努力、下功夫！努力体现在上课注意听讲、积极回答问题、获得老师的认可、课后及时完成作业、深入掌握每一个知识点，等等。女孩要学会把进步归因于努力，这样，才会继续发扬，成绩就会越来越好！

学霸也有考砸的时候

当一个孩子每次考试都是 90 多分的时候，偶尔有一次考了 80 多分，或者 70 多分。看到成绩的那一刹那，内心一定是地动山摇般震撼！怎么会这么低呢？心情糟糕透了！茶饭无味！

有位中学生很要强，成绩一直很好，她绝不允许自己失败，如果遇到不会做的题目，熬夜到很晚直到搞懂，一到考试就担心自己考不好，为此患上失眠症，影响了正常学习！

偶尔考砸，是正常现象

偶尔一次考砸了，是正常现象。学习是一个掌握知识的过程，考试是对一段时间学习效果的检验，碰到某些知识没有掌握好、学得不够扎实，成绩就会差一些。女孩要知道，这没什么，无需自责，关键在于找到考砸的原因，引以为戒。

1. 科学研究表明：人的大脑活动存在误差

人的大脑活动存在误差，这是任何人都无法避免而且是有科学依据的。在计算或者写字的过程中，连大人都会出错，更何况学习很紧张的孩子呢？

特别是在学习紧张、休息不好的情况下，更容易导致脑疲劳。严重的脑疲劳会使人的心理承受能力下降，无法面对生活上的种种压力，导致精神崩溃。在脑疲劳状态下，人会感到头昏脑涨、反应迟钝、注意力分散、思维活动难以正常发挥。

2. 情绪影响学习

中学生心事多了，学习的时候大脑容易断片，心情也变得复杂。父母的期望过高或者自己太在意分数，都会导致压力过大；或者遇到伤心的事情等，也会影响思考和记忆，即使早就掌握的知识也可能想不起来。

3. 考试题目也会影响成绩

不是每个孩子都能百分百掌握课本上的知识，也不是每场考试的题目都是课本上的重点，老师也有出题出偏的时候。更何况每个孩子都有不擅长的内容，要么计算、要么背诵、要么理解，如果所考内容偏重于不擅长的内容，出现错误的概率就高，就容易出现低分。

既然一次考不好有着各方面的不可预测的原因，就不要把考试的失误看作是失败与无能，而应看成是学习过程的一个正常情况的表现，是对学习情况的一个提示。

关键在于绘制下一张努力蓝图

既然偶尔考砸了是正常现象，那么，就没有必要过于纠结了。赶紧行动起来，自我疏导、自我激励，把没掌握的知识掌握住吧！这才是走向高分的正路子啊。

1. 绘制改进蓝图

如果考完试，拿到的是一个低分，心情很差，无法面对考试成绩。此时，学习不下去也很正常，毕竟，学习这件事情也会受到情绪的影响，在情绪被困扰的时刻，化悲痛为力量也不是那么容易。没关系，不要逼自己带着坏心情学习，想发呆就发呆，想打球就打球，想玩游戏就玩到爽，想出去看场电影或者听场音乐会，给头脑一个缓冲，接受起来就容易了。

只要拥有一颗积极向上的心，对自己的未来有着美好的期待，不好的情绪过后，清醒的头脑里一定会有一张如何让自己学得更好的蓝图。汲取失败的原因，写清促进学习的方法，并严格执行，还用担心下次考不好吗？

2. 发挥考卷的余热

考试是学习的一个过程，通过试卷可以看出哪些知识没有掌握住、掌握得怎么样，对于没有掌握的知识点，向老师或者同学求教、搞明白，是考试后很重要的一件事。在把试卷改正确之后，保存下来。同时，把错误的题目放入错题本里，以便于经常复习。

3. 总结经验，写"考记"

考试作为一次重要的学习经历，每一次考试后都会有新的认识和感受，给下次考试提供很多经验。如果考砸了，分析为什么考砸，是知识点没有掌握住，还是粗心大意了？或者没有掌控好考试时间？认真仔细地找出失误的原因，在纠正失误的同时提示自己以后要注意，避免再犯类似错误。如果把考试情况记录下来，写成"考记"，效果更好。

学习的方向指向哪里

宁波市的一名女中学生，因为中考成绩不理想，被母亲责骂后，爬上了楼顶。女孩手里拿着一本书，难过得直哭泣。后来，在民警的劝说下，女孩下了楼，才避免了一场悲剧的发生。

放下成绩目标，建立掌握目标

有一位中学生说："一次考试失败，不理解的目光会齐刷刷地向我射来，嘲讽的话语会蜂拥而入我的耳朵。更可怕的是父母失望的神情。那时，我和他们便是冷冰冰的关系。"

之所以有那么多学生、家长、老师把分数看得很重，除了认为分数是学习效果的体现外，还有一个很重要的原因，就是觉得考好了证明自己有能力，把别人比下去了，在家人、亲友面前更有人气。这样的人持有的是成绩目标取向。从心理学的角度来看，成绩目标并不利于成长，不是一个"高大上"的目标。

目标是引导和保持学生动机的方法之一。目标对学习有导向作用。不同的目标决定了学生的不同学习行为。成绩目标取向的学生更关心的是能否向其他人证明自己的能力，通俗地说，就是做给别人看，渴望获得好成绩超越别人。

相反，那些不是特别在意成绩，而是看重有没有掌握知识的人，持有的是掌握目标取向。

掌握目标取向的学生认为，学习是为了个人成长，他们关心的是他们能否完成任务，而不是和他人相比自己的表现是否出众。他们不在乎在这个过程中可能会犯很多错误或者遭遇尴尬。他们敢于接受挑战，遇到困难时，能够坚持到底。

女孩以分数为导向的话，眼界就受到了限制，她们会为了分数而努力，淡化能力意识，难免陷入"读书为了应试""死读书、读死书"的窠臼。

站到高处：建立掌握目标

学习是为了掌握知识，提升能力，女孩只有认识到这一点，才能站到高处，竭尽全力攀登知识的高峰！

1. 一定要记得，不要两眼盯着分数

女孩一定要记得，两眼盯着分数容易成为分数的奴隶，整个校园生活也都是围着分数转。拼命地做习题，考试考不好就唉声叹气觉得到了世界末日，最要命地是会把知识学死。到头来，"四体不勤，五谷不分"。这就要求女孩在学习的时候把书面知识和社会现实结合起来，让脑子里的世界和现实的世界和谐统一，不光记在大脑里，还要用在生活中。

2. 应用所学的知识

在生活中，试着把所学的知识应用到实践中，这一方面有助于巩固对所学知识的理解和记忆，另一方面也能检验一下是否掌握住了所学的知识。比如，购物的时候可以比较一下哪种物品更环保、更安全，装修的时候算算面积，这些看似小事情，却让女孩很好地应用了所学知识。

3. 始终保持旺盛的学习热情

女孩在学习过程中要始终保持旺盛的学习热情，不会因为考了好成绩就骄傲自满，也不会因为没考好就伤心绝望，而是始终如一地把学会作为学习目标。学不好就想办法，向老师、同学、工具书求教，直到彻底掌握。

4. 看看大人物的传记

什么是大人物？除了从历史中走来的对时代具有重大影响力的人物，还包括在行业中做出杰出贡献的模范人物，以及对社会具有较大影响力的人物。

女孩可以通过看书的方式了解这些人物的奋斗史，也可以通过智能手机看这些人物的专访，会获得很多激发自己的正能量。

怎么就讨厌上学了呢

一名叫丫丫的同学在贴吧里大吐苦水，不想上学了，科科红灯！这么下去，学也是白学，考不上大学灰心啊！可是，不学，又经不起周围的人问，怎么不上学了？不上学将来做什么啊？得学知识啊！上学吧，到了考大学的时候，又得出现问题，到时候怎么回答呢？

导致女孩厌学的几种常见原因

进入中学以后，就进入了青春期，青春期受心理发展影响，是厌学的高发期。遇到一些小挫折，就认为到了无法挽回的地步，看不到希望了，破罐子破摔，就可能引发厌学情绪。

青春期女孩很敏感，也很恋群，很在意和同学、老师的关系和评价。如果发生什么事情，影响了和老师、同学的关系，生活在这个集体里感到很孤单，情绪低落，一旦学习成绩不好，考了几次低分后，承受不住刺激，就不愿意学习了。青春期女孩心智不够成熟，逆反情绪很重，一旦成绩不好，被父母训斥，就会以父母最在意的事情去回击他们，父母最在意学习，女孩就不学习、逃避学习，时间一久，这种"报复性"的吓唬人式厌学就可能发展成真正的厌学了。

一些女孩对自己要求高，特别看重成绩，几次考不好就深受打击，变得焦虑、抑郁，精力锐减，丧失了学习兴趣。

一些女孩受社会上不爱学习的人的影响，觉得不考大学、不学知识也照样能够成名成家，特别是有某方面特长、发展前景不错的孩子，会觉得读书耽误了发展特长，就会讨厌学习。

坚定学习信念，不厌学

无论什么事情，坚持去做，就会产生热爱之情，只不过这份情感来得早晚不同而已。厌学是一种负面情绪表现，如果女孩能够坚定一定要努力学习的信念，不管诱发事件是学习还是其他事件，按捺住内心的躁动，既寻找解决诱导事件的方法，又坚持学习，那么，回过头来再看的时候，曾经发生的事情真的是不值一提。

1. 和同学好好相处

每个人都有情感需要，女孩需要友谊。如果女孩是因为和老师、同学关系差而不愿意学习，那么放下心中的结，展开笑颜，和老师、同学好好相处吧！要相信，师生之情是世间最美好的情感之一，是一辈子的情感财富。

如果女孩不擅长主动跟人联络，又想扩大人际交往的范围，可以多参加一些感兴趣的活动，如打球、下棋、游泳等，共同的兴趣爱好把彼此联系成一个集体，每个人都是集体里的一员，接触的人多了，知己多了，就会因为喜欢这里的人而喜欢这个环境。

2. 即使不追求分数，也要读下去

应试教育离不开分数，当分数不理想的时候，女孩要想到学习不仅仅是为了获取高分，也是锻炼大脑思维力、提升非智力因素的重要手段。校园作为人生第二大成长环境，是女孩实现社会化的重要环境。女孩生活在这里，不但能够学习文化知识，而且能够获得社会知识，提升生存必需的人际交往能力。从这一点出发，即使不追求分数，也要坚持读下去。

3. 和父母较劲，不拿学习做筹码

有的孩子走到厌学这一步，是因为跟父母较劲。学习是为了自己，拿学习这件事和父母较劲，虽然让父母痛心，吃亏的还是自己。

女孩要理解父母，不管他们是催促自己学习，还是对自己的成绩不满意，关键在于，即使方法欠妥，出发点也是关心和爱护。不要和父母较劲，当父母难过的时候，自己也不开心。

太天真：与同学比分数

王宇一直盼望着比同桌多考几分，可是每次同桌都比自己多几分！于是，同桌成了王宇较劲的对象。这次月测验，王宇终于比同桌多考了8分！8分，这是做梦都不敢想的事情啊！王宇觉得自己会高兴地跳起来。可是，当看到同桌那张苦闷的小脸的时候，她很心疼她，平时学习那么刻苦，分数不高，心里怎么会不难过呢？

王宇一下子明白了，自己跟同桌比分数太可笑了，互相帮助，共同进步，真心换真情，既收获了友谊又促进了学习，太美好了。

同学才是学习上的"贵人"

凡是会学习的孩子，都视同学为学习上的盟友、贵人。可是，有的同学目光比较窄，看到谁成绩比自己好，心里就不舒服，视之为竞争对象。之所以有那么多女生眼睛盯住同学的成绩，就是觉得名校招生人数有限，在挤高考这座独木桥的时候，成绩好的同学会把成绩差的同学挤下来！这么强烈的危机感横亘在同学之间，必然影响交往。

事实并非这样，各人有各人的路要走，虽然可能在高考这座桥上相逢，但也是公平竞争。自己要竞争的对象可不是班里的几名同学，而是全国的参加考试的同龄人，在一路前行的路上，如果要攀亲疏，还是班里同学亲，互相帮助才是该有的态度。

虽然和同学比分数在一定程度上能够激发学习热情，但是会滋生负面情绪，产生嫉妒、失落、慌张、攀比、危机感等情绪情感，这样的负面情绪没有得到及时疏导、排解，失去心理平衡后会做出傻事。

同学是一个人一生中最重要的人脉关系，视同学为学习上的战友，一起努力、互相帮助才能实现共同优秀！而且，快乐的不光是当下，还有未来。

把同学当做贵人：比努力、比进步

同学在一起，彼此都是对方成长的参照，与优秀同学在一起，如果和他们比努力、比学习方法、比学习习惯等，不但可以避免嫉妒情绪，还会产生对优秀同学的敬佩之情，对学习会有很大的促进作用。

1. 和同学比努力

对于学生来讲，最能激发学习热情、最有助于提升学习成绩的是自身能够控制的因素：个人努力。只要女孩足够努力，就能获得好成绩。自己是不是足够努力，得与身边的同学比，如果有谁比自己更努力，对自己也会产生激励作用。

与同学比家庭条件、比成绩，越比越空虚，还可能因为嫉妒酿成祸端，与同学比努力就不一样了。与同学比努力，可以让自己更加努力，就能改变学习面貌，督促进步，内心更加充实、满足。

如果身边有特别努力的同学，他们就是领头雁、好榜样、学习上的先知先觉者，对大家会有很大的帮助。比如，较早地帮大家整理资料、给大家讲一讲难题、带大家一起复习等，这就是免费的辅导老师啊，而且同在一个教室，用起来也方便，总比 App 约课、看论坛发帖子来得有速度，而且沟通起来也方便。

2. 比进步会更加进步

女孩与别人比进步的时候，看到的是别人，受此启发，自己也会那么做。看到别人因为上课注意听讲，而自己恰巧在这方面做得不够好，容易走神，一走神就跟不上老师的讲课速度，那么，就可以向同学请教他是怎么做到上课不走神的。

同学成绩获得了进步，要耐心观察对方在学习方法上的高明之处，学过来。环境影响人，环境造就人。跟不同进步的同学交朋友，被进步的氛围浸染，自己想不进步都不可能。

一到大考就砸，多因压力大

总有一些在老师眼里学习够努力的女生，她们对考试也很重视，但是到了考试的时候却考不出好成绩！老师纳闷了，即使平时做对的题目，到了考场上，她们也可能会做错！看着她们考完情绪失落的样子，连老师都心疼。可是，为什么会这样呢？

学会平衡内心压力，才能从容应对考试

一艘货轮航行在辽阔的海面上，风暴骤起，已经卸货的轮船剧烈颠簸，水手们惊慌失措，老船长命令大家打开货舱，往里面灌水。"船长是不是疯了，往船舱里灌水只会增加船的压力，使船下沉，这不是自寻死路吗？"一个年轻的水手嘟囔。

船长脸色肃然，水手们虽然心有不解，还是照做了。随着货舱里的水位越升越高，货轮一寸寸地下沉，却一点点地变得平稳。船长一声"够了"，然后大家停下了手。

船长望着松了一口气的水手们说："船在负重的时候最安全；空船时最危险。当然这种负重是根据船的承载能力决定的，适当的压力可以抵挡暴风骤雨的侵袭，但负重太大，超过了货轮的承载力，船就会沉没了。"

生活处处都有压力，如何做一个像老船长一样的人，在面对危险的时候，能够很好地平衡压力，保持身心平衡，是女孩必须具有的能力。

考试的时候，一个人心中的压力就如同船的承载力，恰恰好的时候，更利于考场发挥。心理学家发现，学习压力和学习效率的关系是"倒 U 形曲线"。

青春期女孩的主要任务是学习，即为实现理想打基础。在学习中感受到压力是正常的。所以，因为压力导致的适度的焦虑反倒体现了女孩对考试的重视，是一种积极认真的态度的体现，但过度的考试焦虑，则会干扰女孩的学习，寝食难安时，对身心健康造成不利影响。女孩要克服过度的焦虑，从容面对考试。

当学生感受到适度压力的时候会紧张，大脑的血液循环加快，兴奋程度提高，生理功能增强，思维积极，所有器官都在最佳状态下运作，有利于提高学习效率，保证考试中正常水平的发挥。

如果女孩过度紧张、焦虑、害怕，就会出现焦急、浑身冒汗、心跳加剧、脑子一片空白、头昏脑涨等情况，使大脑神经活动失去平衡、受到抑制，感知力、注意力、记忆力、思维力和创造力全面下降。

带着适度的压力去考试

压力如同冬日里结冰的河面，需要掌控好自己才能走到对岸，不然，摔多大的跟头真的是难以估量。面对考试，女孩掌控压力的能力一定要有，带着适度的压力去考试，才能正常发挥，考出好成绩。

1. 思想简单点

考试最本质的目的就是为了检验一段时间内的学习成果，明了哪方面做得好，哪方面有所欠缺。女孩这样想的话，面对考试时心情就没有那么沉重了，也不会过于紧张。相反，考试倒成了一件值得期待的事情，轻松应战，当然能正常发挥或者超常发挥了。

2. 以轻松心态面对考试

女孩要懂得学习就是为了掌握知识，考试只是对学习效果的检验。正常情况下，平时努力学习，考试正常发挥，成绩就不会差。考试的时候，情绪有波动也很正常。当有紧张情绪时，女孩可以采用自我暗示的方法缓解紧张和焦虑，告诉自己："只要努力去考，成绩什么样都无所谓！"也可以在考试前一天放松一下，散散步、打打球、聊聊天、看看幽默剧！

3. 不要太在乎面子

有的同学担心考不好没面子，会被父母训斥，会让老师看低，会失去在同学心目中的好学生地位，这样，千斤重担就压到了心头。事实上呢，考不好，父母不会训斥，老师也不会看低，在同学心目中的地位也不会改变。女孩需要看清这一点，不为"面子"所累，才能一身轻松地面对考试。

4. 别给自己消极心理暗示

有学生一进考场就心跳加快，头脑晕乎乎的，面对试卷，脑海中一片空白，一走出考场，又感到题目会解。许多同学落榜，并不全是因为考题太难，而是因为过于紧张，从而导致记忆混乱、思维阻滞而发生失误。

心理暗示影响考场发挥。消极心理暗示会对人的情绪、智力和生理状态都产生不良的影响。而积极的心理暗示则对人的情绪和生理状态能产生良好的影响。面对考试，女孩一定不要想"考不好怎么办""这次要考砸啊"之类的。

5.掌握一些考试技巧

考试也有一定的章法和技巧，掌握住并养成习惯，考场上就不会摸不着头脑，而是会遵循着已经形成的答题习惯一步一步来完成。考试技巧很多，最常见的有：答题前认真审题；做题时先易后难，不着急、不大意、不心烦；答完之后仔细检查。

第 9 章
青春期女孩公主派
——自强自立，不娇气

女孩心中都有个公主梦，希望裙角飞扬时能得到更多人的呵护和崇拜！但是，女孩一定要知道，就算天赐的公主，也不能过于娇气，也要会做事，能做事，要强、上进，有责任心，这才是公主的标配硬核。

公主命：从今天起不娇气、肯吃苦

乔云是一名中学生，读初一。照说，是懂得学习的时候了。可是，经历了小学六年的学习生活，她依然不爱学习。老师要求家长监督孩子完成作业，每天父母都跟伺候祖宗一样陪着她写作业。

乔云写不了几道题，就佯装累了要休息，为了哄她，父母就水果、饮料奉上，吃一会儿，写几个字，写不好，就赖父母讲话影响她，害得父母连话都不敢说。

好不容易作业写完了，她去看电视，父母收拾书包、文具。妈妈说，这孩子怎么这么难弄呢？一家人伺候她，还不好好学习，每次都考倒数几名！说她几句，还反驳说自己脑子不好使，学不会还不如多玩会儿。

娇气、不肯吃苦是公主病

女孩都有公主梦，希望被宠爱，想要什么就有什么，所有的愿望都能实现。其实，很多女孩都享受着这样的待遇，被父母以及其他长辈宠爱，是家里的"娇公主"。

如果女孩因此就成了温室里的花朵，经不起风霜雨雪，不能适应生活的变化，承受不了一点挫折，只知道享受不懂得付出，更不愿意通过自己的努力获得生存的能力，那么就犯了"公主病"。

人类最大的一种需求就是被他人所需要。但是，很多女孩是被父母娇惯着长大的，因为她们既没被要求做什么，也没被教该做什么，所以，她们不懂得自己能做什么，更不会主动去要求做什么，因为没有扮演过有意义的角色，没有体验过自我价值感，所以，她们不自信、很依赖。同时，她们对自己、对外界都缺乏客观的认识，虽然不能做事、不能吃苦，也不懂得珍惜。

拥有"公主病"的女孩无法主宰自己的命运，即使被父母捧在手心里，也不会一生都如公主一般快乐。

有个女孩，出生在一个特别富裕的家庭，从小娇生惯养，不做任何事情，为了让她一生都富贵、无忧地生活，父母给她买了很多保险，从 30 岁开始，每年女孩都有一笔可观的收入来维持生活。

在这个基础上，如果女孩再有一份自己热爱的事业，一生都可以生活得像公主般快乐。可是这个女孩从小就不喜欢学习，也没用心学过什么，嫁人后每天的生活就是打麻将。瘾大的时候，打个通宵，不做饭，不管孩子。丈夫忍无可忍，弃她而去。在这之后，她更加沉醉于麻将，终于在玩了几个通宵后，身体出现了异常，住进了医院。虽然保住了生命，却整日精神恍惚。

女孩一定要明白，要想主宰命运，就要具备一定的能力，不管生活赋予我们什么，苦难也罢，财富也好，都能理智驾驭，做一个真正有公主命的女人。

做一个有公主命的女孩

做一个有公主命的女孩，对任何女孩来讲都是可以实现的梦想，那么，怎么做才能成为一个一生快乐、幸福、被人呵护的好命女孩呢？

1. 热爱生活

生活是五彩斑斓的，酸甜苦辣咸五味杂陈，做自己喜欢的事情，会觉得内心无比充实，每一分钟都很快乐。女孩要想在未来能够做自己喜欢的事情，就要在中学时代多努力、多尝试，只有每个领域都涉足、参与，才能找到自己的兴趣并着力发展，这样，未来就会有自己钟爱的事业。

2. 不追求享受，不过分追求外在美

如果女孩在中学时代就过于关注物质，冒着违反学校规定被惩罚的危险也要染指甲、烫头发，课堂上拿出小镜子偷偷看发型，只要美丽，完全不在意老师讲的内容。那么，即使学会了扮美，也会失去很多本真的美好。

3. 在学习上，肯吃苦

学习是需要花费一些心思，用一些气力的。到了中学阶段，功课多了要熬夜。不停地写写算算，时间长了会有些累。遇到学习困难，要努力克服，对于学得较差的科目，要不放弃。女孩要能承受这些才能掌握住所学知识。

4. 体谅他人的心情

善解人意、肯为别人着想的女孩容易被他人接纳，赢得他人的赞赏。不管是在家里，还是在外边，女孩都要考虑到他人的感受，多替他人着想。父母累了，就伸手做一些家务，照顾一下他们的饮食。同学生病了，伸出热情的双手，帮助他们学习。对别人好，就会赢得他人的善待和喜欢，遇到困难，就能有人向自己伸出援手。这不就是公主的待遇吗？

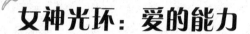

女神光环：爱的能力

婉婉升入中学了，妈妈建议她练习一下做饭，可是，她说："我不喜欢做饭。"妈妈说："你需要先学习，做了几顿饭，有了体验后，才能做出判断。再说，人都得吃饭，所以，人都得会做饭。不会做饭，自然难以吃上可口的饭菜。有道是，会做饭的人即使不自己动手也不会挨饿，因为，吃过她做的饭的人，都愿意在她不想或者不能做饭的时候，回报她一桌可口饭菜给她增加营养。"

婉婉说："我不可以叫外卖吗？"

妈妈说："你从今天起，每天点外卖吧。妈妈不做你那份饭了。"婉婉立马怂了，她不傻，当然知道外卖在卫生、口味、用料等方面的缺陷。

妈妈规定，每个周末，有一顿正餐由婉婉来完成，做什么，父母不参与，从采购到配菜到烹调，都由婉婉来完成。第一顿饭，婉婉就把西红柿炒鸡蛋给弄煳了，不过，看着父母吃得开心，婉婉心情很好，她暗下决心，下一顿一定要做得好一些。

连婉婉自己都没有想到，一年以后，她竟然能轻松做出一桌饭菜，够六七个人美美地吃一顿，而且，只要学习不忙，她就想下厨房，她说："做出美味的佳肴，不管是自己吃，还是慰劳别人，都很开心。"说这话的时候，她的眼睛里跳跃着无数个小星星。

自己有能力，才能让有能力的人敬服

按照马斯洛需要层次理论，人都有归属与爱的需要。当一个人从小到大成长起来，爱的需要逐渐从接受别人的爱占更大比重发展到付出的爱占的比重越来越大，如果不是这样，爱的需要便得不到满足。我们要遵循人的心理发展规律，女孩要想一生被人宠爱，就得在不断长大的过程中提升爱的能力，被人敬服，这样得到的爱才会持久。

懂爱的女孩，其青春一定不是虚度过来的，她们用功读书，学习才艺，内外兼修，进了厨房就能炒菜，日子闲了就会读读书，每个成就自己的方法带来的都是内心的充实和满足，获得人格提升后的女孩才会是女神。女孩因为有能力，她们在家不依赖父母，未来不依赖男人，她们不会要求男人服务于自己，反倒是她们的自立赢得了男人的敬服和心疼，甘愿去呵护和疼爱她们。

有能力的男人只爱有能力的女人，这里包含的不是谁降服谁的粗浅道理，而是够得着才碰撞得出火花。有能力的女孩才能打造出属于自己的平台，主宰自己的命运。

从做饭开始，爱他人

有位妈妈说，我女儿在家什么都没做过，连一个鸡蛋都没炒过。我可舍不得让她做饭，烫到怎么办？女孩千万不要觉得妈妈这样爱你、保护你是正确的教育方法。这么做，只会弱化你做事的能力。试想，连一顿饭都做不好，还能做什么呢？那么，就从做一顿饭开始，培养自己爱他人的能力吧。

1. 不要害怕做不好，耐心点

有的女孩担心做不好丢人，于是就不想做饭，理由是不会。那么，就从最基本的开始学吧。开始做饭前，系上围裙，把头发梳到后面（可以考虑戴大厨帽）。想清楚要做什么饭、什么菜，然后从网上找到做法、记熟，或者跟妈妈问清楚。把将用到的所有原材料、调料、用具准备好，就可以开火了！

初次做饭，可能会抱着很容易的心态，实际上呢，可能会状况百出。比如，手上粘了面，盆掉地上了，菜撒了一地，油把手烫了……不管出现什么情况，都不要急，更不要烦躁，每个人都是这么起步的，一回生二回熟，多做几次就会熟练了。

女孩的能力不仅在于做得一餐饭，还在于能把厨房收拾得干干净净。做菜之前，把自己的双手洗干净，并整理出充足的空间，确保所有操作台都是干干净净、整整齐齐的。提前择洗干净各种食材，在清水里泡一泡，备好以后，按做菜需要切好，放到不同的盘子里。这时，收拾一遍厨房，然后开始炒菜。

2. 关注他人的内心感受

当女孩做了一桌好菜来招待自己的朋友，而朋友恰巧在瘦身阶段，只是小尝了几口的时候，女孩能够以接纳的态度说一句："等你不节食的时候，我再做给你吃啊。"这样的话语对于友谊的发展一定不亚于冬日的暖阳让对方内心暖暖的，女孩放低自己，把别人的需要放在重要位置，不是自卑，更不是"为别人马首是瞻"，而是尊重他人。尊重他人，关注对方的内心感受，才会赢得对方对自己的尊重。懂得尊重他人的女孩，更懂得尊重自己，她们拥有爱自己、爱他人的能力，是真正的闪烁着光环的小公主。

问自己：有必要嫉妒吗

清清在数学比赛中取得了第一名，王华心里有点不舒服。平时，清清总向自己请教问题，有的时候要讲几遍才能明白，这次，她竟然取得了第一名！很多同学都恭喜她取得了这么好的成绩。

就这样，王华越看清清越不顺眼，总想着挑清清点毛病，甚至想着最好是她数学考个低分，难堪一下。可惜，每次数学测验，清清成绩都很好。王华心里拧成了疙瘩，太不舒服了。

超越嫉妒，心理更健康

嫉妒是一种很常见的心理活动，一些优秀的人，看到她人某方面出色或者比自己强，内心就会有一种不安和失落的感觉。当嫉妒心转化成动力，激发了一个人的拼搏、奋斗意识，那么，就能促进一个人的进步；当嫉妒表现为记恨别人、报复别人、打压别人，那么，嫉妒就成了害人的尖刀；当嫉妒心理夹杂着抱怨、自叹不如、自怨自艾的情绪后，就成了阻碍进步的绊脚石。

女孩不够自信、喜欢拿自己和他人比较，会产生"缺乏感"，"缺乏感"的征兆就是与人比，比成绩、比衣着、比人缘等等。

心气高的女孩总想比别人强，当看到别人取得了很好的成绩时，心里感觉酸酸的。

有的女孩看到他人好心里就受不了，觉得对方不该取得这样的成绩，于是想方设法找别人的毛病，尽可能地挤兑对方。

有的女孩则变得消沉、怨恨、羞愧、不满，不能集中精力学习，更看不到自己的长处，也不能积极地去学习别人的长处。有的女孩看到对方的优势，会有一种敬佩之情，内心变得更加谦卑，也更愿意努力学习。"见贤思齐"，这样的小嫉妒心理更利于学习，正所谓"临渊羡鱼不如退而结网"，只要自己努力，也可以做得很好啊。

嫉妒常常来自某一方面的"缺乏"。比如，家庭经济条件差、父母收入低、自己学习成绩没对方好、长相没对方出众、没有对方人缘好等等。嫉妒的痛是隐晦的，也是长久的，修复则必须仰赖自我的反省能力，以及对自我实现的努力。

有个女孩，长相、学习、人缘，哪样都不错，但是，她就是觉得自己处处不如另外一个小女孩，两个人关系特别好，如果另一个女孩在哪方面突出一点，她就特别沮丧。

妈妈告诉她，如果你把自己和好朋友看成一个小组，好朋友进步证明你们小组进步了，你有学习的榜样了，更能进步了。

女孩可能意识不到，一个很有能力、胸怀广阔的人不会嫉妒他人的成就，更不会为此背后搞小动作。沉浸于对某人的嫉妒情绪中，不经意地就暴露了自己的狭隘、不自信。

放下"缺乏感"，追求进步

在青春期女孩的心中，自己就是被关注的对象，如果有谁抢了她们的风头，更被外界认可，她们可能会非常不服气，甚至因此记恨对方。为了防止女孩因为失落和不服气而影响自己的进步、与他人的交往，女孩要学会防止自己嫉妒。如果女孩对自己有一个客观的了解，追求的目标清晰，为实现目标而积极努力，就能够以平和的心态对待自己和他人。

1. 放下"缺乏感"

满足感能够给人积极的力量，让人充满自信，这样的感受下不容易滋生负面情绪。"缺乏感"就不一样了。某方面的缺失使人不满足，如果不能正视或者转移这种不满足心理，心理失去平衡后，就会以一种非理性行为来平衡，嫉妒就是在这样的情况下产生的。

举个例子，当女孩看到某个同学家境好，学习成绩也好，而自己这两方面都不强，内心就失去了平衡。女孩能正视这种差异，努力学习让自己有个美好的前途是最正确的做法。可是，嫉妒心强的人不这么做，他们选择背后说坏话、故意捣乱、孤立对方的做法等。

如果你是这样的女孩，就要想到，这样对待一个优秀的同学对自己一点好处都没有，既伤害了别人，又让自己内心不舒服，更何况，任何一个优秀的人才都不会因为外人的小动作而放弃努力，失去优秀啊！

2. 悦纳别人的长处，多点赞

眼里只有自己的人目光浅，容不下别人的好。放下这种想法，学会发现他人的优点和长处，不仅不会影响自己的地位，还会提升自己的人气。这是一个很简单的道理。试想，一个经常为别人点赞的女孩，会缺少别人的点赞吗？

3. 有个谦虚的心态

著名教育家谢觉哉说："一知半解的人，多不谦虚；见多识广有本领的人，一定谦虚。"谦虚的人不夸大自己的能力或价值。女孩有了谦虚的品质，就能看清自己，踏踏实实学习和做事。谦虚的人眼光更开阔，能看到自己的不足，不断进步。

富兰克林被称为美国之父。在谈起成功之道时，他说这一切源于一次拜访。在他年轻的时候，一位老前辈请他到一座低矮的小茅屋中见面。富兰克林来了，他挺起胸膛，大步流星，一进门，"砰"的一声，额头重重地撞在门框上，顿时肿了起来，疼得他哭笑不得。老前辈看到他这副样子，笑了笑说："很疼吧？你知道吗？这是你今天最大的收获。一个人要想洞察世事，练达人情，就必须时刻记住低头。"

富兰克林把这次拜访当成一次悟道，他牢牢记住了老前辈的教导，把谦虚列为他一生的生活准则。

一个谦虚的人更看重的是自己的进步，在他的眼里，别人是学习的榜样，有了学习的心态，就不会嫉妒了。

4. 控制自己的不合理认知

作为一名中学生，已经需要学着客观地看待自己了。这是成长的标志。女孩需要对自己作为主体和客体存在的各方面有个客观认知和指向，包括生理状态、心理状态、人际关系及社会角色的认知和指向。

当看到别人比自己好心里不舒服时，要认识到这是不正确的心态，让自己不快乐。女孩要努力改变自己，寻找对方的优点，并向对方学习。

现在的女孩都是长辈眼里的公主，要是再懂事点，学习成绩还不错，长辈见了可谓喜上眉梢，总是忍不住要夸几句。被夸奖后，涉世不深的女孩可能会飘飘然，觉得自己特别能干。但是，现在的孩子真的很优秀，各有各的特色，长辈们又很博爱，于是，当被夸的女孩听到大人夸奖他人的时候，有种专利被侵犯的感觉。此时，为了防止嫉妒心理滋生，女孩要保持冷静，多看看人家的优点。

要笃定：决定命运的是自己

有个女孩，从出生那天起就不起眼，即使最喜欢孩子的大人都没有兴趣逗她玩一会儿，女孩就这样默默无闻地长大。上学后，她还是很普通，成绩一般，没什么才艺，每天默默地来上学，默默地回家去。其实，女孩很听话，成绩也不差。

从小学三年级开始，女孩的才华发光了。她写出的作文很有内容，也很有文采，有些词语连老师都写不出来。后来，老师知道，女孩很喜欢读书，读了大量的课外书。

中学以后，女孩一跃成了班里的尖子生。有同学感叹："怎么也看不出她身上有学霸的风采！"这些，女孩都不在乎，她在日记中写道：活出自己的风采，对自己的人生负责！

关于这个女孩的未来，无须多想，也一定是前程似锦。

责任心决定执行力

微软总裁比尔·盖茨说："人可以不伟大，但不可以没有责任心。"没有责任心，不要说成就一番事业，连自己的生命都无法守护。青春期是生命的转折期，青少年的自我控制力不强，对是非的分辨能力也不高，那些责任心不够强的孩子，面对吸毒、打架、游玩的诱惑的时候，很可能管不住自己。

人活在这个世界上能生活得怎么样，主要取决于生活品质如何，主要取决于人生价值有多大，主要取决于责任心。责任心是一个人品格和能力的承载，决定着一个人对目标、任务的执行力度。责任心强的人，即使目标任务有难度，也会竭尽全力去完成。当一个人能够主动、自觉地为一件事情尽职尽责的时候，就是一个具有主动性的人，执行力度强，收获的成功多，生命会更有价值。

从做好一件小事起，增强责任感

宝宝一出生就会通过哭要食物，这是最本能地对生命的负责。青春期女孩要对生命负责、对未来负责，靠本能的力量已经实现不了了，需要靠意志的力量来控制自己的行为，高效学习，提升自身能力。

1. 负责任并不难

负责任这个词听起来很有分量，很容易跟大事情联系起来，让涉世不深一直被父母娇惯的女孩心里没底。

其实，负责任一点都不难！每天认真完成老师交给的学习任务；无论在家里还是学校里，做事情的时候，尽全力去做好，不求完美，但求更好；犯了错误不逃避，对自己行为的后果负责，主动承担责任，弥补损失；在社会上，自觉遵纪守法，遵守社会公德，诸如不乱扔垃圾、不践踏小草等。

2. 承担不负责任的后果

有个女孩讲过这么一个故事：女孩不小心把同桌的钢笔压碎了，那支钢笔不便宜，要赔偿大概需要花光这个月所有的零花钱，她早就打算用零花钱买个漂亮的发卡了，有点舍不得。她自我安慰，同桌家很有钱，坏了一支钢笔不算什么。当同桌发现钢笔坏了之后，很是惋惜了一阵，然后就没再说什么。

女孩回到家里，想起白天的事情，权衡良久后，她决定拿出所有的零花钱，明天去商场给同桌买个一模一样的钢笔。

女孩说，当弥补了过失后，内心无比舒畅。瞬间，她觉得自己是一个能够负责任的人。女孩觉得，为自己的行为负责是一件很有尊严的事情，自己都佩服自己！

3. 在家里尽一份责任

如果女孩认识到自己是家里的一分子，不能只享受权利，要和家庭里的其他成员一起承担一份家庭建设的责任，那么，家庭关系、家庭氛围会变得更加和谐美好。帮父母分担一些家务，家里有事要和家人一起商量对策、努力解决，会让父母觉得女儿长大了，就会把女儿当大人看待。

有的女孩常常会苦恼，觉得自己长大了，父母还把自己当小孩子。放下对父母的埋怨，以一个大人的标准去要求自己，父母迟早会从儿女的行动中感受到他们已经长大，就会给儿女更多的自由。

4. 犯错误，不找借口

拿破仑·希尔说："找借口解释失败是人类的习惯。这个习惯同人类历史一样源远流长，但对成功却是致命的破坏。"一个经常找借口的人，必然是一个不负责任的人、一个没有勇气的人，一个不断失去机会的人。

找借口是不负责任的表现，不管做错什么。与他人发生争执，不要怪罪他人野蛮、不听话，如果自己态度好，又怎么能吵起来呢？考试没考好，要积极寻找主观原因，而不是怪罪自己笨。

5. 在学校里给自己寻找一个负责任的位置

一个人所处的位置决定了他的责任心大小，在一个需要承担责任的位置，他自然不能逃避；而一个人万事不用操心、什么都不过脑子，体会不到自己身上承载的责任，感受不到负责带来的满足感，则难以建立责任心。

如果女孩有什么特长、爱好、能力，可以在学校里参加学生干部竞选，帮助老师管理班级事务，为同学服务，都有助于女孩发现自我、实现自我、建立责任心。

学习最终还是要靠自己

范喆升入初中后的第一次考试，成绩差得令家里所有人都感到意外，好几门科目，没有一门超过 70 分，父母看看成绩再看看女儿，满眼的疑惑：这哪里还是那个成绩优异的孩子呢？如果把这个孩子的成绩连成一条线，从小学一年级开始到初中一年级，那就是一条下降的斜线啊！

小学一二年级的时候，妈妈唯恐范喆学习落后，全程监控，遇到不会做的题目，掰开了，揉碎了地讲，那时，范喆一直是班里的前几名。到了小学三四年级，妈妈也是这么教，但是范喆的成绩下滑了。到了小学五六年级，阅读分析、作文，数学应用题也多了，妈妈辅导不过来了，范喆的成绩又下滑了许多，但还是班里的中上等。没想到，到了初中，妈妈没有能力辅导了，范喆的成绩下滑到了中等偏下！

独立，可以避免"社会懈怠"

学习是一项脑力劳动，面对学习任务，需要独立思考，才能理解知识、掌握知识，应用所学知识完成学习任务。随着掌握的知识不断增多，女孩能处理难度更大的问题，大脑越来越灵活，对学习更有自信，更愿意独立完成学习任务。否则的话，可能会在学习上变得懈怠。

比如，如果几个人一起做一道题，某个同学依赖性比较强，不怎么爱思考，遇到有点难度的题目就放弃了，等着别人做出来再写。这样，就达不到学以致用，难以灵活掌握知识。有的妈妈喜欢陪伴孩子学习，其间，妈妈有意无意地参与，弱化了孩子的主动性，使孩子对父母产生心理依赖。父母不在身边，就不能好好思考。放弃自己思考，这种情况类似于心理学上的"社会惰化"。

所谓社会惰化，是指个人与群体其他成员一起完成某件事情时，或个人活动时有他人在场，往往个人付出的努力比单干时偏少，这种个人的活动积极性与效率下降的现象，也称为社会懈怠。

女孩要注意，即使几个人一起学习，经常"头脑风暴"，也要发扬独立自主的精神，不抄袭、不边做边对答案，不盲目崇拜别人，而是敢于坚持自己的观点，这样才有利于形成独立自主的品质。

在学习过程中发扬独立的精神

女孩进入青春期后，与同伴的关系越来越密切，能够从同伴群体里获得情感支持。这样的心理倾向，更利于她们与同伴合作完成学习任务。但是，女孩此时要注意把握分寸，不能在学习上依赖同伴，要独立、自主地学习，实现了自主性，才能更好地合作。

学习是为自己学，独立自主地学习涉及的方面很多，最为基本的内容是积极寻找适合自己的学习方法，多思考、多提问，灵活掌握所学知识。

1. 敢于表达自己的疑问

课堂学习中，提问是积极思考的标志，问题越多的学生知识掌握得越全面，领会得越透彻。一节课 40 分钟，难免会出现听讲疲怠后的倦怠，如果能够回答一下问题，振奋一下精神，可以提高听讲效率。女孩可以将自己预习时的理解与老师的讲解进行比较，如果对老师的讲解有疑问，就大胆质疑，谨慎论证，并积极寻求答案，如果自己找不到满意的答案，就向老师和同学请教。在课堂上，很多老师喜欢激发同学的思考热情，女孩要积极参加课堂讨论，以激发自己的智力潜能。

2. 寻找适合自己的学习方法

不同个体的认知风格不一样，有的是冲动型，有的是沉思型，不同的认知风格决定了孩子的思维周密度和思维速度；不同的个体有着不同的感觉通道，视觉型学习者观察力比较强，能够迅速地根据观察到的信息进行记忆和思维，听觉型学习者偏好于通过听讲、朗读、歌曲、诗歌、广播等听觉刺激来学习，他们对语言、声响、音乐的接受力和理解力强，动觉型的学习者更加偏好通过亲身操作、参与活动等方式进行学习。女孩需要了解自己的认知风格和偏好的感觉通道，这样在学习的时候，才能恰当使用适合的学习方法。

3. 养成做笔记的习惯

伟大的教育家徐特立提倡"不动笔墨不读书"。在阅读课外书籍的时候，多做读书笔记，能够练笔。遇到喜欢的内容，边读边写，有利于积累素材，提高文字表达能力；不断练笔有利于训练思维的逻辑性、条理性。

在课堂听讲或者阅读课本的时候做笔记，可以把不懂的、有疑问的内容记录下来，以便及时地向老师和同学求助。在阅读课本或者笔记的时候，会不自觉地与所学过的知识产生联想，产生新的解题思路，这个时候把思想的火花记录下来，非常有利于掌握知识。

自强：开发出一个更美好的自己

艳伟从小就喜欢音乐，连走路都哼着歌。可惜，她生长在农村，家境并不富裕，学习音乐是一件连想都不敢想的事情，更何况，她的父亲还有重男轻女的思想。

初二的时候，父亲让艳伟辍学，帮父母经营果树，供弟弟读书。母亲身体有病，靠年迈的父亲支撑家里确实困难，艳伟答应了。但是，她并没有放弃音乐梦想，偷偷地办了休学手续，想着回家劳动两年后再接着上学。

她白天在果园里一边劳动，一边唱歌，农闲的时候，就跟着电视学唱，晚上回家自学功课。两年后，艳伟参加了中考，考上了心仪的学校。

这回，父亲没法不让她读书了。她告诉爸爸，自己半工半读，会利用节假日打工，给家里分担压力。父亲眼含热泪地答应了。当弟弟考上大学后，艳伟已经工作了，成了一名音乐老师，从事着自己喜欢的工作，供弟弟上大学已经不是什么难事。

自强让女孩成为盛放的花朵

女孩是含苞待放的花朵，即使风调雨顺、阳光普照，也需要自身生命力顽强，广泛汲取营养，才能盛开不败。所以，女孩当自强。

世上无难事，只怕有心人。女孩自己下定决心好好学习，获得优异的成绩，只要足够努力，哪有不成功的呢？

张蕾 8 岁那年，父亲因患青光眼视神经萎缩而完全失明，母亲离家出走、一去不回。面对生病的父亲，还有比自己小 1 岁的弟弟，张蕾扛起了养家的重担。她就牵着父亲在地里犁土、在田里栽秧，在农忙之余，为了维持生计、积攒学费，张蕾就和父亲四处拉二胡卖唱。

生活的担子很重，但是张蕾依然没有放弃学习，她一边上学，一边做临时工，2007 年，张蕾考入铜仁学院中文系。在她的帮助和鼓励下，弟弟也顺利考上了贵州职业警官学院。

"自助者，天助也。"女孩只要足够努力，就会发现自己的状态会越来越好，离梦想越来越近。不管所学知识有多么艰涩，学习任务有多重，只要坚持不懈努力，终能完成。

在学习上，如何做到自强

如果女孩是一个自强的人，那么，父母就无须为她的未来担忧。因为自强不息的女孩不但有志向，还有毅力。

1. 女孩先要有志向

诺贝尔生理学或医学奖获得者科赫说："很多人的成就源于小时候的一个梦想。"科赫幼时的梦想促使他成年以后努力工作，不断地为人类做出贡献。

科赫小的时候，在池塘边玩纸船。看着小船全速前进的样子，科赫想："我要像这只纸船一样到更远的地方去，做更大的事情，经历多大的风雨都不害怕。"

不久，科赫生活的小镇上的牧师去世了。妈妈给科赫解释说是因为牧师得了一种治不好的病。科赫当时萌发念头，要做一个能够为人们解除病痛的人。

女孩通过旅游、阅读、看电视、上网、看各种展览等方式可以接触最前沿的知识，当外界的情境触动了女孩的情感，志向就会自然萌发。

志向远大的人才会藐视眼前的苦难。女孩立志越早，用来奋斗的时间越长，获取的成就也会越大。哪怕孩子所立的志向不是具体的目标，只是一种生活，一种状态，对孩子也具有一定的激励作用。

有这样一个故事，一位美国少年立下150多项志向，包括穿越大沙漠，征服8000米以上高峰，漂流亚马孙河，登月球等许多在常人看来能完成其中一二项已属不易的志向，三十年的时间，他竟完成了一大半。如果没有少年时候的立志，那是不可想象的。

女孩有了志向，遇到困难，能够不断地自我挑战、自我提高。

杰明·布鲁姆强调，成才者在孩童时代并不一定是同龄孩子中最有天分的，但他们一定是立志出类拔萃，最想超越别人的人。

2. 暂时失败，不屈服

成长路上的"失败"是为了成熟而进行的练习，出错率高也没什么。

狮子贵为森林之王，除了与生俱来的身体素质，还在于狮子家族独特的教育方式。刚出生不久的幼狮经常会被公狮推到岩石下，幼狮要从跌倒的困境中想办法找到爬上来的路。而此时，公狮或母狮即使看见幼狮遇到困难也只是远观而不干涉，只在面临生命危险时才伸出援手。

如果女孩懂得在处于逆境的时候不束手待毙，而是积极寻找方法，那么，经历了多次绝处逢生之后，就会懂得"天无绝人之路"的道理，遇到困难就不会轻易言败。

3. 学习上有打不倒的信念

比萨店的创始人卡纳利说："我在失败以后，从来就没有退缩的念头，而是积极思考失败的原因，努力想出新的办法。因为你根本不能确定你什么时候才能成功，所以你必须先学会失败。"

当遇到难题、完不成学习任务的时候，女孩不要把这些当成困难，不要轻易放弃，而是积极寻找解决问题的方法，这样就不会被打败，不被打败就没有失败。一个问题解决掉了就增加了一次成功的经历，就有信心去获取更大、更多的成功。

被富养大的女孩要积极向上

媛媛读初中二年级，开学不久，嚷嚷着要转学。为什么呢？值日时，她不会干活，被老师点名批评了，觉得没面子。

当初好不容易才挤进了这所名校，就这么退学了，无论经济方面，还是女儿的前途，都不划算。妈妈当然不同意。宝贝女儿确实没干过什么家务，不会干活，也可以理解，妈妈跟老师商量："让我来吧！女儿值日当天，我早早来到学校干活，把别的同学要做的那部分也包了！"

听了这话，老师拉着妈妈的手说："您不担心你老了干不动了，孩子还不会做事，怎么办？"妈妈不好意思地笑了。

面对父母的富养，女孩不要自我娇惯

富养指的是通过良好的家庭教养让女孩成长为一个精神富足的优秀人才。现在的家庭大部分物质生活都不贫乏，不说锦衣玉食，也是比较充分。

父母对孩子的关注也不少，愿意为孩子多做一些事情，让孩子更有精力去学习。比如，女孩想吃个苹果不想自己洗，喊一声，父母就洗干净递过来了；女孩看到什么时髦玩意，顺口说了一嘴，妈妈就买来了。此时，女孩要想到，父母爱自己，自己不能踩着这份爱踩进自我娇惯的泥潭，女孩要懂得回报父母，一边体谅父母的苦心，一边替父母做一些事情。

女孩要知道，父母的疼爱是期待自己生活得更加美满，而自己美满的未来是要靠自己努力奋斗争取的，而努力学习、端正思想、增长本领才是父母最愿意看到的对他们的最好的回报，也是父母富养女儿的最美好的结局。

温室里的花朵抗风雨能力最差，被娇惯的孩子难免很自我。所以，越是被父母疼爱的女孩，越要自我警惕不能骄纵跋扈，而是要对自己有要求，以积极的行为让父母看到她们的独立、有主见、肯努力，而不是自私、放纵、懒惰、懈怠、不求上进。

从今天起，不娇惯自己

女孩要想成为有担当、未来有好运的小公主，在享受父母的关照和爱护的时候，切记不要沦陷，而是要自强。

1. 女孩要学会自我控制

富养是通过富裕的物质和精神生活，实现培养一个优秀女孩的目标。只顾物质享受，女孩可能会精神贫乏。而真正的好女孩需要精神上的富养。女孩不妨自检一下，自己是否自私、骄纵、依赖，只考虑自己的利益，从不顾及他人的意愿和感受，如果是，女孩可能被父母娇惯坏了。从今天开始，严格要求自己，不贪图物质享受，多追求精神满足。

如果女孩的父母没有过度满足女孩的需要，而是以满足女孩正当需要、以给女儿提供更多自我发展机会为准则，那么，女孩就可以无忧无虑长大。

2. 女孩要懂"人事"

很多家长觉得富养女孩就是要让女孩充分地享受生活，好好学习，增长才干，将来有本领就够了。其实，这样的孩子长大不一定会幸福，甚至连自己都保护不了。有太多的按着这种模式培养出的孩子，她们看上去很出色，是同龄人中的佼佼者，但是，却做出了不可思议的事情。

所以，我们的富养教育一定要注重培养孩子健全的人格，有爱心、有责任感、有自信心、有抗挫力、有自制力，这样孩子才能明辨是非，懂得什么事情是该做的什么事情是不该做的。

3. 女孩要懂得付出

女孩要懂得付出，在家里帮助父母、爷爷奶奶做一些事情，在学校帮助老师、同学做一些事情，在社会上帮助弱势群体，女孩在这样做的过程中就享受到了幸福，也必然为自己累积了幸福的种子。

4. 按照老师的要求去做

中学生学习任务比较重，老师盯得也很紧，会布置相应的作业。女孩积极完成老师布置的作业，按照老师的要求去做，虽然缺少一定的自我安排，却不失为一种改变不知道做什么的被动状态的好方法。

5. 对自己说：那不难

最近流行一句话：天空飘来五个字，那都不是事儿！在学习上，如果能够做到勤奋，任何困难都不是事儿！之所以有的孩子觉得学习特别难，其实是人为地放大了困难。任何事情不动手做就不知道怎么做，遇到事情就没有信心去做，所以，女孩一定不要看低自己的能力，那样的话，小事情也会觉得有困难。

在学习上，跟自己说，这不难，开始学吧！结果，真的就学会了！不把学习想得太难，行动力会增强。

6. 不要逃避问题

在学习上遇到不懂的知识点、不会做的题目的时候，不敢正视，于是就放在一边，慢慢地，干脆就直接不学习了。这种没有上战场就败下阵来的情况，不是自身能力不行，而是长期的逃避行为导致了人们自卑、不自信。所以，女孩一定不要用懒来做不敢的挡箭牌！学习上没有解决不了的难题，只要认真面对就能解决。

7. 制订计划，帮自己"勤奋"起来

如果女孩在学习上很被动，那么，就试着制订一个学习计划，让"计划"逼着自己勤奋起来。女孩在制订学习计划的时候，内容要详细点，写清每天要完成的任务：老师当天讲的新课，复习并记住；家庭作业；阅读、复习的任务。如果时间多，还要写上要做的家务事。每天按计划来，一段时间后，会发现自己变得勤快了，关键是，多做事了，还很快乐。

第 10 章

青春期女孩成熟派

——情意萌动，安心学习

青春期是生命的转折期，身体迅速发育，性功能趋于成熟，伴随着生理上的变化，女孩的心理也在趋向成熟。从不成熟到成熟的过程中，女孩需要按捺住内心的懵懂，安心学习。

偶像剧太诱人了，看还是不看

有位初三的同学说，还有几个月就要考试了，学习很紧张，可我总是控制不住想看电视。写一会儿作业，就看一会儿。还有两个月就要播放期待已久的电视剧了，我特别想看，可看电视太浪费时间了。真担心到时控制不住自己，影响学习啊！

幸亏爸爸够心狠，坚决把电视遥控器藏起来了，刚开始特别不适应，慢慢地，也就习惯了。

现在，我的学习成绩很好，也不用担心控制不住自己了。但是，心中还是有一些小小的遗憾，难道为了获得好成绩，就真的不能看电视吗？班里也有成绩好的同学，也经常看电视，为什么他们就没影响学习呢？

一看电视就后悔

一些女生一看电视就兴奋，看完了就后悔，觉得看电视浪费了时间，影响了学习。可是，每当有好看的电视剧又忍不住要看。一看就到了大半夜，作业做不完，还影响了休息，第二天上课打盹。

如果每天看电视的时间很长，确实有不利于学习的方面。

1. 容易上瘾，耽误时间

看电视容易上瘾，连续剧的故事情节跌宕起伏，悬念不断，看了这集又想看那集，不知不觉一两小时就过去了。中学生课程多，时间紧，白白消耗几小时，一天两天没关系，时间久了一定会影响学习。

2. 看电视弱化大脑的思维力

电视节目以声音和画面呈现内容，人们在看电视的时候，感受到的是直观音像刺激，跟着情节走，不需要主动分析和加工所看到的东西，弱化了大脑的思维过程，限制了对词汇的想象和思考。时间久了，人的思维会变懒惰，不愿意进行逻辑思考。而青春期是抽象逻辑思维大发展的阶段，多读书，多思考，才是正确的选择。

3. 课堂上想剧情，耽误听讲

有的女生说，看完连续剧后，如果上自己不喜欢的课程，感到无聊，不知不觉就走神了，通过回忆故事情节打发时间，很耽误学习。

既然这样，那么，电视真的不能看了吗？怎么做才能既过了电视瘾又不后悔呢？

两全其美：既过电视瘾，又学知识

电视作为大众媒体之一，肩负着传递信息和文明的作用，适度、巧妙地看电视可以学到知识，有利于成长。

1. 看可以促进学习的电视节目

留学生们对于电视有着很深的感情，这是因为，电视能够促进他们的语言学习。有一名留学生在博客里这样写道：

"在英国，为了更好地学习英语，更多方面地了解当地的文化、艺术、民生，最好的途径之一，就是多听、多看当地的广播电视节目。最初住在大学的学生宿舍里，发现每个学生的房间中几乎都有一部电视机。后来住进英国人家里，除了上学、做功课之外，看电视的时间也颇多。好心的房东老是担心我过不惯英国生活，心情孤寂，所以便常常邀我看电视节目。我一边看电视，一边和房东交谈，知道的事情就会更多了。"

借鉴这位同学的学习方法，中学生也可以通过看英美电影、电视剧来学习英语。

当然了，电视能够传递的知识不光是英语学习，还可以帮助孩子了解时事政治、自然科学、历史地理等方面的知识。特别是有些晦涩的知识点，从书本上学习很费劲，被电视节目呈现出来后会很形象生动，有利于记忆。

2. 看励志休闲娱乐节目缓解压力

中学生学习压力很大，如果找不到缓解压力的方式，一味读书，大脑长期处于疲倦状态，就会影响学习效果。中学阶段是厌学高发期，长期绷紧弦学习，如果不能取得好成绩，会失去学习兴趣，产生厌烦心理。女孩在学习之余，不妨看一些励志、休闲的节目，来放松心情，减少压力。

身体发育了，趁早解惑

和一个 13 岁的小女孩聊天，她稚嫩的脸上蒙着一层神秘，很郑重地说："我同桌发育了，很苦恼，上课都不能专心听讲！"我问："哪儿发育了？"女孩说："流血了！她父母不知道，一点都不关心她。她的父母是卖早点的，每天很忙。她想跟父母说，但是不知道怎么说。弄脏了内裤，就自己偷偷洗。"

身体发育带来心理困惑，心情难平静

女孩进入青春期后，陆陆续续会出现很多生理上的变化，乳房发育，一点点鼓起来，有的还会伴随一定程度的疼痛；月经来潮，每个月都有几天莫名地情绪低落，痛经的女生还要经受撕裂般的腹部疼痛，经期还会受到腰部不舒服、身体免疫力低、头痛等折磨。

对女孩来讲，单单乳房发育和月经来潮这两件事，没有科学的认识，足够使女生心情低落。她们怕疼，担心自己得了什么病。

有个女生，乳房发育后，胸部总是疼痛，在网上检索，见到词条就点开：乳腺增生？乳腺癌？害怕得不行！晚上睡不好觉，白天上不好课，甚至想到了这么小就生病，还没能报答父母的养育之恩，太对不住父母。每天都想这些事情，不能集中精力学习，直到妈妈了解到情况后，带女儿去医院，知道是乳房发育带来的疼痛，跟疾病不沾边，这才松了一口气。

除了乳房发育带来的变化让女孩内心无法平静外，还有很多因素都会让女孩苦恼，比如身体汗毛重、发胖、长痘痘、白带等，女孩需要及时了解相关知识，才不会胡乱猜疑，影响生活。

了解青春期：女孩要知道身体的变化

女孩需要了解青春期这个概念，青春期是成长过程中的一个年龄段，具有不同于幼儿期、学龄期的生理、心理特点。

10~12 岁，多数女孩子进入了青春期。生理变化也就在这个时候发生了。青春期是指少年儿童开始发育，最后达到成熟的一段时期，即由儿童向成人的过渡阶段，其基本标志是性生理的发育成熟。主要表现在三方面：性器官发育成熟、出现第二性征以及性功能成熟。

1. 性器官发育成熟

女孩性器官在青春期前发育缓慢，进入青春期后，即 10 岁左右，卵巢和子宫开始迅速发育，到 18 岁左右基本可达成人水平。十一二岁开始有月经，这是因为卵巢排卵导致的周期性子宫黏膜脱落，是女孩性成熟的标志。

其间，阴道变长变宽，抗病能力增强。输卵管直径增大，管壁黏膜发育成复杂的皱襞，管腔上皮呈纤毛化。外阴变化明显，阴毛出现，阴阜明显增高并隆起，大阴唇变大变厚并出现皱纹，阴蒂及小阴唇变大。

2. 了解第二性征出现的大致顺序

进入青春期后，女孩的身体形态出现了一系列的新变化，这些身体形态特征就是所谓的第二性征。女性的第二性征主要表现为体态丰满而富有曲线美，皮肤细腻，嗓音尖细，胸部、臀部及肩部皮下脂肪增多，骨盆增大，乳房发育，出现腋毛、阴毛等。

女性第二性征出现顺序大致如下：8~10 岁的时候，身高突增；骨盆开始变宽；皮脂腺分泌增加，皮下脂肪变厚；子宫开始发育。11~12 岁，乳房开始发育；声带增长变窄，声音变高变细；出现阴毛，身高突增达到高峰；阴道黏膜出现变化，内外生殖器官发达。13 岁的时候，大部分女孩子月经初潮；阴毛越来越多，逐渐接近成人；腋毛出现，声音变细；乳头色素沉着，乳房显著增大。14~15 岁，乳房基本发育成熟；脂肪积累增多，手臂、臀部变圆，腰部相对较细，骨盆明显变宽；一些女孩的脸上开始长粉刺、青春痘。16~18 岁，骨骺闭合，停止长高；身体发育得更加匀称；月经周期形成规律；乳房发育成熟；阴毛蔓延至大腿上部、下腹部，呈倒三角形。

伴随身体发育，心理变化也很明显，女孩要通过阅读相关书籍来了解身体上的变化，才不会胡思乱想。

3. 性功能成熟

月经来潮是女孩性功能成熟的标志。第一次来月经称为初潮。有些女孩来得早一些，有些女孩来得晚一些，生理期到来时间的早晚主要与营养、体质和环境等因素有关，不代表女孩身体有问题。不过，如果女孩月经到来得过晚，需要去医院检查一下内分泌是否存在问题。

4. 青春期发育内因

女孩可能会心中怀有疑问，为什么自己就发育了呢？把这个问题搞明白了，更利于女孩接受自己已经长大这样一个事实。

女孩性器官发育、性功能成熟、第二性征出现，都是源于体内雌性激素的大量分泌。参与调节生殖功能的激素称为性激素，即雌激素、孕激素和雄激素，这些激素由卵巢和肾上腺皮质合成，它们维持性器官的发育及生育功能。那么，这些激素是从哪里来的呢？

在人的脑部，有一个调节内脏活动的高级神经中枢——下丘脑（又叫丘脑下部）。下丘脑能分泌多种释放激素，这些释放激素再作用于脑垂体，引起脑垂体分泌各种有关激素，如生长激素、促甲状腺激素、促性腺激素等，这些激素再促进相应的内分泌腺（如甲状腺、性腺等）分泌有关激素。

见某位男生，小鹿乱撞般激动

刚升入中学的几个小女生，不约而同地注意到了高年级的某个男生，是帅哥，小女生们很快知道男生是校学生会主席，学习成绩是年级前三，太完美了！关键是，他很高冷。

午餐时间，帅哥在哪里排队她们就跟去哪里，伺机搭讪，饱饱眼福！连她们中最高傲、成绩最好的一个也不再矜持，默默地跟着男生。她们都在想，怎么有这么优秀的男生呢？

对异性产生的好奇心

女孩子到了青春期，性发育逐渐成熟，出现性欲和性冲动，对异性产生好奇心，这些都是生理发育和心理发展的正常现象。即使女孩害羞，怕耽误学习，克制自己不去想，还是出现思慕某个男生的情况。当脑海中闪现某个优秀的男生的面孔时，女孩要明白这是性的力量。

性是人的本能，是生命的原动力，促进生命的发生与发展。女孩进入青春期后，身体分泌的性激素增加，促进了女孩的身体发育，同时也促进生殖系统的发育。

初中阶段，女孩开始对异性感兴趣，表现为远远地仰慕和喜欢，是疏远式的、隐蔽性的心理活动。到了高中阶段，就发展到了"喜欢接近"，有的甚至发展成了"固定的关系"，这种爱慕和喜欢更加行为化了，人们称之为"青春期恋爱"。

不管女孩对男生的爱慕处于以上的哪个阶段，只要没有出格的事发生，都是一种正常的男女吸引的形式，是身体发育到一定阶段滋生的对性的渴求，这样的渴求有利于成长发育，是成熟的表现，不需要强行压制。不管是迫于外界压力还是自己的要求，女孩都不需要强行压制，否则，内心不服气会产生强烈的压抑感，导致不良情绪积压在心中，不利于形成乐观、向上的性格。当外界的态度是负面的时候，女孩无须受到影响，否则会觉得性是不好的、不可以追求的，严重影响将来的恋爱、结婚。

说服自己，把喜欢放在心底

性发育是不以个体的意志发展为转移的，女孩爱慕男生很正常，如果女孩对性缺乏正确的认识，对自身出现的性好奇感到迷惑、恐惧、焦虑，甚至产生罪恶感，就会平添很多烦恼。

性发育不可遏制，喜欢对方的情绪也可以存在，默默地、含蓄地保持朋友关系，是最好的青春风景。

1. 鼓励自己大方与男孩相处，降低神秘感

在性激素的作用下，异性在女孩眼里充满了神秘感，而且越是不接触好奇心越强，越是夸大自己的想象。相反，大方有距离地与男孩相处，不但能增进对男孩的了解，心理反应也会趋于正常化。

有个女孩说："我真佩服张娜同学，和班里的男同学相处得就跟女同学一样的自然，我就不行，见到男生就不知道说什么，连手脚都不知道往哪里放了。"女孩不妨鼓励自己，大胆参与到男孩女孩活动中去，在相处的过程中，男孩的神秘感就会消失，女孩就会懂得如何与男孩相处了。

女孩当然可以和男同学交朋友，但是要认真选择，不要与校园外面那些作风不正、行为猥琐的人接触。即使在网络上聊得很投机，如果不是校园里的同学，都要慎重交往。与男同学交往的时候，要态度自然、坦率、友好，避免做出给对方造成暗示性影响的事情。即使对某个男生有好感，也要避免单独接触，为了增进友谊，可以选择开阔的地方集体活动，歌厅、舞厅等暧昧场所一定不要去。

2. 克制一下，不捅破

女孩要懂得，中学生特别是初中学生之间的男女萌动之情，大都处于"单恋"的状态，并不是两颗心在一刹那碰撞在一起的那种感觉，所以，即使对某个男生有好感，也不要去捅破这层窗户纸，远远地看着，默默地欣赏着，远远好于"恋爱"。

有个女孩就是这种情况，班里的男生给她发了个信息，有点暧昧，女孩对这个男生也不反感，觉得男孩很有才华，将来会有出息。女孩也想和男孩多交往，她装作没有看到男孩发来的信息，和往常一样平静地和男孩相处，并把他带入自己的圈子，大家一起学习、一起玩，非常和谐、友好。

大多数青春期女孩对异性的渴望都处于"单恋"和"思慕"的状态，即使对方有意，也是很肤浅的好感，离真正的"爱情"远着呢。女孩懂得这一点，当情思萌动时，就能克制住自己，不去捅破那层窗户纸。

心怦怦跳：班里男神示爱

女生日记：男神王同学给我发了信息，说喜欢我！我一看到信息，心怦怦跳，估计脸很红。平时，我们很少说话，我总感觉他对我不错。交作业，他会带上我的，纵容了我的懒惰。组织活动，他分组，我总是在他那组。想想，他早就渴望和我近距离接触了？

他真的很优秀！帅！干净！有修养！声音有磁性！唱歌好听！很有范儿！

他竟然喜欢我！我怎么办呢？

首先认可自己，然后肯定对方

虽然大部分青春期女孩都会情窦初开，但是当真的有男生表达爱慕的时候，她们又不懂得怎么做了。

当有男生示爱的时候，女生该怎么做呢？小女生可能会去大脑里存留的偶像剧、言情剧里找答案，能找到有效的借鉴吗？恐怕难遂心愿。给成年人看的影视剧里，人物的情感处理方式是成人式，以爱或者不爱为基准，还要考虑很多社会因素、职业、地域、家庭背景、各自经济条件等。这么复杂的课题，中学生应付不来。

那么，当有男生示爱的时候，女孩如果断然拒绝，给对方一张冷脸，说："犯傻啊！"为断私念永不说话，这样也不妥。男生是同学，同学是一种自然的安排，是多年以后的朋友，人生路上的美好陪伴。女孩要懂得，同学示好是对自己的认可，不能伤害，要珍惜。

自我恭喜一下，因为出色才会得到对方的垂青，这份优秀不管来自学习还是人格、品质，都被对方肯定并赞许了。看来，两人有着相近的价值取向或者爱好，保持友谊，多交流，会利于双方进步。面对一个懂得欣赏自己的人，即使对方不是自己喜欢的类型，女孩也不要骄矜，更不要冷眼看人，要充满感恩，感谢此时此刻有人在某方面认可了自己。

告诉他，我们做普通朋友吧

当有男孩向自己表达爱意时，先向对方表示感谢：谢谢你关注我，肯定我！我也很愿意结交你这样的朋友！对方如果是真的喜欢你，一定会尊重你的意思。所以，女孩要先明白，和男生做朋友的好处。

1. 做朋友可以避免身心伤害

青春期孩子自控力还没有发展到可以控制自己情绪、情感的程度，所以，有的孩子一谈恋爱，就不顾别的事情了。脑子里想的都是自己钟情的人。有研究显示，谈恋爱的青少年发生心音微弱、供血不足、头晕等疾病的人数远远高于其他同学。另一方面，由于青春期恋爱容易情绪不稳定，冲动，自控力较差，陷入焦虑、烦躁、疑惑、嫉妒等不良情绪中时，会出现食欲不振、浑身无力、头晕恶心等症状，久而久之，会出现消化道疾病、低血糖症状等。

青春期孩子做事可能不计后果。热恋中的少男少女难免不能控制自己的感情而过早地发生两性关系。在缺乏性知识的情况下，很容易怀孕。对尚未成年的青春期男孩女孩来讲，怀孕一定不是被期待的事情，甚至可以说是晴天霹雳。如果女孩怀孕后陷入一种极端恐惧和痛苦的境地之中，既不敢让家长、老师知道，也不愿让同学知道，就可能私自用药或者求助私人小诊所，很容易发生意外，对身体造成伤害，更甚者不堪精神压力，抑郁或者自杀。

2. 做朋友有利于学习

大多数沉湎于恋情的同学都是沿着"感情直线上升，成绩直线下降"的轨迹发展。青春期恋爱的青少年中有不少成绩优秀、出类拔萃者，但因为恋爱，使他们过分好奇、兴奋、痴迷，过分沉醉于爱的幻想中，再无法全身心地投入学习。

学习犹如逆水行舟，不进则退，一个学生每天同时学几门功课，需要投入很大的精力，即使很用功也没有把握一定能取得优异的成绩。谈情说爱后，彼此情意绵绵，心猿意马，分散了一部分精力，势必影响学习，耽误大好的青春年华。

如果双方做朋友，自然大方，精神轻松，在一起玩时欢声笑语，学习时互相切磋，有利于克服学习困难。而且，当女孩被"坏小子"骚扰的时候，有男性朋友在身边，还能起到震慑作用。

减肥，该是女孩的日常吗

倩倩说，最近长胖了，穿衣服没型，不行，得减肥。于是，一日三餐吃素，各种蔬菜、水果，连鸡蛋都不敢吃。面对餐桌上的各色美食，只能咽口水。减肥要有毅力，控制住饮食才能瘦，几个月下来，倩倩果然瘦了！但是倩倩总感到累，有时会头晕。而且，她似乎对美食也没有那么大的欲望了。

身体健康才能更好地发育

这是一个人人都在喊减肥的时代。减什么？当然是脂肪了。对于青春期女孩来讲，保持体重也很重要。因为在营养过剩和运动不足的情况下，摄入脂肪过量最易使人发胖，诱发肥胖症、心脑血管等疾病。而且超重或肥胖的青少年的健康状况往往比同龄人更差，他们更可能患各种功能性障碍，如入学困难、无法做家务、不能参加剧烈运动或无法自理。

但是，当身体脂肪恰恰好的时候，还需要减肥吗？女孩真的需要好好地了解一下脂肪是什么。

脂肪是体内许多组织、器官的必要组成成分，人体健康离不开脂肪，各种食用脂肪中含有 40 多种脂肪酸，其中大多数可以互相转化，但有 3 种脂肪酸不能由其他脂肪酸转化，必须由食物直接提供，称为必需脂肪酸。

人体一旦缺乏必需脂肪酸，就会影响健康和发生疾病。如脂溶性维生素（包括维生素 A、维生素 D、维生素 E 和维生素 K）必须在有脂肪存在的情况下才能被吸收和利用，如果缺乏脂肪，便会发生脂溶性维生素的缺乏，从而发生相应的疾病。如在视觉的发育过程中，缺乏必需脂肪酸会使视力发育受到影响。

少女处于生长发育期，需要大量的脂肪。如果体内脂肪不够，女孩就不能很好地发育。美国哈佛大学公共健康研究中心罗斯·艾里斯特研究发现，女婴从诞生之日起，体内就带有控制性别的基因，这种基因在青春期来临之前，体内脂肪储备达到一定数量时，才能把遗传密码传递给大脑，从而产生性激素，促使月经初潮和卵巢功能的形成。当体内脂肪少于17%时，月经初潮就不会形成，只有体内脂肪含量超过22%时，才能维持女性正常排卵、月经、受孕以及哺乳功能。

女孩的脂肪还是维持皮肤健康的必需营养素，如果缺乏脂肪，皮肤会变得干燥，容易发生湿疹，此外，伤口也不易愈合。

明尼苏达大学的研究人员做过这样的动物实验：用不含脂肪的饲料喂养大白鼠，结果发生了"必需脂肪酸缺乏症"——生长发育停滞、中枢神经系统功能异常、生殖功能丧失、眼及视网膜病变、肾功能衰竭和血小板功能异常。

少女时期是身体、智力和性发育的特殊时期，应该保证脂肪足量供给，绝不能像成年女性那样为了瘦身而限制脂肪摄入。

保持好身材的实用方法

女孩要懂得，进入青春期后，因为身体发育的需要，身体内的正常脂肪会增多，女孩在接受这个现实的基础上保持好身材，不光好看，还有利于健康。但要明白，好身材不是没有脂肪，而是身体健康、匀称，不过胖也不过瘦。

1. 合理饮食，保证营养

青春发育期对蛋白质需要量的增加尤为突出，膳食中应有足够的动物性食物和大豆类食物；维生素A、B族维生素、维生素C、维生素D及钙、磷、锌、铁等矿物质对青少年的体力及脑力发育具有重要的作用。为了满足青春期对钙的需求量，膳食中不可缺少奶及奶类食品。

女孩要养成良好的饮食习惯，不暴饮暴食、偏食挑食及盲目节食，少吃零食，如果女孩喜欢吃零食，可以选择牛奶、酸奶等奶制品，以及各种新鲜蔬菜和水果及花生、核桃等坚果类食品。此外，吃零食的量不要过多，不要影响正餐。

2. 多运动，坚持下去

不做宅女，学习之余多运动。跑步、打球、仰卧起坐、散步、游泳、跳绳，都很适合发育中的女孩。运动不但燃烧了脂肪，强身健体，还能促进大脑发育，愉悦心情。爱运动的女孩性格开朗，精神状态好，学习劲头足。

青春期情绪波动大，情绪低落时，出去散散步，打打球，会分泌较多的多巴胺，有利于情绪恢复。

忍不住，偷偷化妆

瑶瑶最近特别苦恼，为什么呢？她的脸上长了好多青春痘，疙疙瘩瘩，很难看！毛孔也粗大了，还有几个青春痘顶着小白尖，活像一颗颗含苞待放的肉蓓蕾。痒痒的时候，忍不住挤一下，就是个坑。虽然妈妈不赞成她化妆，但是，看到班里的女生皮肤都不错，她也悄悄购置了一套化妆品。

好不容易等到妈妈比她早出门的那一天，瑶瑶就涂了化妆品，想象着漂亮的自己，上学路上，走路都很轻快。到了学校，同学们都对她竖大拇指。瑶瑶按捺不住内心的激动，后来，她天天都这么收拾自己。妈妈没发现，她胆子也就大了。有一天，她发现自己满脸的痘痘，好像更加红肿了，一碰，还有点疼。正不知道怎么办的时候，妈妈说话了："都是化妆闹的。"瑶瑶尴尬地笑笑，原来妈妈早发现自己的小动作了。妈妈说："当心发炎留疤，以后，化妆都遮不住。"

瑶瑶吐舌头，真不敢了。

有痘也美，不可化妆

女孩进入青春期后，身体激素分泌旺盛，打破了平衡后，可能会导致内分泌失调，皮脂腺分泌过旺。当女孩的皮肤比较油的时候，如果毛囊阻塞，可能会长青春痘。

脸上一个包一个包的，当然会影响美观。对于大人来讲，会觉得过一段就好了，没什么。但在青春期女孩的心中，这可是大事情。臆想丑陋是青春期常见的一种心理困扰，在想象中，女孩感到自己容貌丑陋，把自己容貌上的微小瑕疵都看得非常严重，进而拒绝接受自己，并因此陷入无穷无尽的烦恼、苦闷、自卑和孤寂之中。于是，为了掩盖瑕疵，让自己看起来是美丽的，他们就忍不住化妆了。

女孩爱美当然没错，也是天性使然。女孩进入青春期后，会更加注意个人形象，这完全是自我意识发展的需要，完美的形象有利于女孩建立自尊和自信。但是，不管女孩多么爱美，都尽可能地不化妆。青春期少女的肌肤每天排泄的汗液较多，分泌的油脂比较大，化妆的话会堵塞脸部毛孔，阻碍肌肤的新陈代谢，使得痤疮或者痘痘变得严重。

让痘痘失去成长的动力

女孩想让自己看起来美丽，而又不能化妆，那么，就需要想一些特别的方法，让内心不因为痘痘而自卑，同时也让痘痘失去成长的动力。

1. 饮食清淡，不油腻

如果女孩喜欢吃快餐食品，即使这些食物很方便，都要放下。这些高脂肪、高糖及刺激性食物会加重或诱发痤疮，应尽量少吃。

反倒是清淡食物更利于女孩的皮肤健康，多吃新鲜蔬菜、水果及富含维生素、粗纤维的食物。应多吃富含维生素 A 和 B 族维生素的食物，维生素 A 有益于上皮细胞的增生，能防止毛囊角化，消除粉刺，调节皮肤汗腺功能，减少酸性代谢产物对表皮的侵蚀。

另外，腥发之物常可引起过敏而导致疾病加重，使皮脂腺的慢性炎症扩大而难以祛除，也要少吃。因此，腥发之物必须忌食，特别是海产品，如海鳗、海虾、海蟹、带鱼等。羊肉、狗肉等属发物，可使机体内热壅积而加重病情。

2. 保持轻松心情，避免压力

生理上的快速成熟使得青春期女孩产生了成人感，心理发展的相对缓慢决定了她们仍然处于半成熟状态。这样的状态导致了女孩内心的不平衡，会有消极情绪产生。女孩要认识到自己的心理发展状态，学会自我调节，避免惊恐、焦虑、急躁、暴怒、过度悲伤等不良情绪刺激。心情好，肠胃运转好，体内无毒素，脸上的痘痘就没有成长的动力。

事实上，即使脸上有痘痘，也不会掩盖青春的气息，在外人的眼里也是非常美丽。

3. 保持皮肤清洁，不化妆

女孩除了不化妆外，平时在生活中要注意个人卫生，最好每天用温水与洗面奶洗脸，去除油腻和黑头。日常女孩要注意保持皮肤清洁，并根据自己的皮肤性质，选用适当的护肤用品。

第 11 章
青春期女孩动机派
——目标效应：提升意志品质

女孩心中有目标，行动就有了动力。在学习上，女孩要学会制定切实可行的目标，让自己看清未来，抓住当下，在通往梦想的路上坚定前行，不虚度光阴。

学习目标增强学习动机

郭玲玲数学学得不是很好，妈妈提议报一个辅导班，利用业余时间补一补。郭玲玲不愿意，但是妈妈自作主张就给她报上了，如果她不去，妈妈一定会唠叨的。大周末，在家里听唠叨，还不如去补习班坐着呢。老师讲课，我画画，也很不错啊！

期末考试，郭玲玲的数学成绩一点起色都没有。妈妈纳闷，这一学期白补习了啊？她哪里知道，整个学期，女儿都在数学补习班里画画！

哈佛调查带来的启示：目标法则

目标是个人、部门或整个组织所期望实现的成果，是当下对未来如何努力的规划。世界顶尖潜能大师安东尼·罗宾有这样一句名言："有什么样的目标，就有什么样的人生。"

对于那些老是想着让自己的日子过得更轻松一些，少学习一些的女孩来讲，她们非常需要制定学习目标。有了学习目标，女孩的学习动机就强了，在学习这件事情上，她们就会变得积极主动，能够控制自己，坚持下去。

对于一个爱学习的女孩来讲，她的心中一定是有目标的。目标的导向性作用使得女孩的行为更加倾向于学习。可以说，一个人选择什么样的目标，就会取得什么样的成绩。往长远看，一个人有什么样的成就，就会有什么样的人生。这就是目标法则。

哈佛大学的研究人员做了一个非常有名的关于目标对人生影响的跟踪调查，该项调查的对象是一群智力、学历、环境等条件都差不多的年轻人，初始调查发现：有清晰的长期目标的占3%，有清晰的短期目标的占10%，有较模糊目标的占60%，无目标的占27%。

25年后，这些人的状况是怎样的呢？那些有清晰的长期目标的人，几乎都成了社会各界顶尖成功人士，比如，创业者、行业领袖、社会精英；有清晰的短期目标的人，大都生活在社会的中上层，他们成为各行各业不可缺少的专业人士，如医生、律师、工程师、高级主管等；那些有模糊目标的人，几乎都生活在社会的中下层面，他们能安稳地生活与工作，但都没有什么特别的成绩；没有目标的人，他们几乎都生活在社会的最底层，他们的生活都过得很不如意，常常失业，靠社会救济，并且常常在抱怨他人，抱怨社会。

目标对一个人的人生影响很大。有了目标，就增强了动机。动机是由目标或对象引导、激发和维持个体活动的一种内在心理过程或内部动力。当女孩对未来有梦想，有期待，对当下的学习有目标，就能清楚地知道自己的进行速度和与目标的距离，行动的动机就会得到维持和加强，就会自觉地克服一切困难，努力达到目标。

制定目标，让自己努力起来

目标是行动的指南针。有目标就会朝着这个方向努力，使得学习行为变得更有条理，不盲目，避免时间和精力上的浪费。女孩要想学习好，轻松而高效，就要养成制定学习目标的习惯。

1. 把努力付诸行动

每个处在学习阶段的女孩都是愿意努力学习的，那么，就把自己的心愿付诸行动吧。付诸行动最直接、最能见成效的方法就是制定目标。

当女孩想要在周测验获得95分以上，她在努力学习的过程中，进行的就是一场以目标为导向的学习行为，这样的努力的结果就是实现了目标。

2. 学期前，制定总目标

每个学期开始后，要在哪些方面有进步？改正哪些缺点、不良习惯？年初制定一个目标，整个学期都会朝着这个目标努力，不管是进步还是改错，都变得容易。比如，在学习成绩方面，计划这一学期单科提升；在写作业方面，彻底改变拖拉的习惯。

3. 针对某个问题制定目标

某个时期，可能会出现相同的不良状况，这种情况下就完全有必要制定一个目标来解决问题。比如，连续三次考试都出现了马虎导致的丢分，这个时候就可以制定一个目标，在两个月或者三个月的时间内改掉马虎、粗心的毛病。针对特别问题的目标还要复杂一些，要解决一个问题，只有搞清原因才能根治。

最好的学习状态：保持进步状态

有个女孩小学阶段学习成绩一般，初中进入了一所不错的中学，学习成绩有所进步，但还没有达到优等生的水平。父母没把她跟其他孩子比，只是要求她每次都进步一点点。如果有超过 10 分以上的进步就要给予奖励：看电影、买书、聚餐等。这个孩子就这么一点点进步，竟然考上了不错的高中，后来又考上了国内的一本大学。

这个故事告诉我们，只要孩子努力，保持进步的状态，明天一定不会差，因为她们在不断进步中体验了美好。

跟自己比，不断超越当下

女孩当然期待自己能有个美好的明天，希望自己不断进步，那么，最切实的做法就是超越当下，每一天都进步。

俗话说，不怕慢就怕站。即使没有具体的目标，只需不断超越当下，就能保持进步的状态。超越自己是一个进步的态度，一种伟大的品质，是有目标的表现，一个敢于超越自己的人、不断想着要超越自己的人，不管当下是成功还是失败，是成绩好还是成绩差，未来都不会差。因为这样的人正在努力从今天的状况走向未来的理想状况。

当女孩看到别人比自己优秀的时候，就会很羡慕，这个时候，要想自己也一样受人瞩目，唯一要做的事情就是提高自己的水平。

有一位摔跤手，在其生活的城市中摔跤从未输过，在他眼里，自己就是天下无敌的摔跤冠军。后来这个城市里来了一位远方客人，点名要和他较量。此人是另一个城市里的摔跤高手，也没有遇到过对手。两个人摔了整整一天，结果还是不分胜负。两人约定，半年之后再一决胜负。

摔跤手回去以后问自己的师父："我和他决斗的时候为什么总也找不到他的破绽？如果找不到他的破绽，就无法破解他，岂不是要输掉以后的比赛？"

师父想了想，没有说话，用手在地上画了一条线，说："在不能擦掉它的前提下，你如何让这条线变短？"摔跤手想了又想，也没有想出答案。

师父在这条线旁又画了一条更长的线，说："你看，刚才那条是不是变短了？"摔跤手瞪大了眼睛。师父接着说："提高自己的实力，是战胜对方的最好办法！"摔跤手恍然大悟，从此刻苦练习摔跤技术，半年后，在和另一名对手的决战中取得了胜利。

身处社会人群当中，如果想要自己突出，不成为别人的背景板，唯一能做的事情就是不断超越当下，成就更好的自己。

在学习上超越自己呢

今天的学习成绩代表的是今天以前的学习状态和学习效果，要想预知明天的成绩就要从当下开始努力。明天是否能够闪烁出自己的光彩，需要把握好今天，不断超越昨天的自己。

1. 要了解当下的自己

当女孩把自己与其他同学比较的时候，能够发现对方在学习上的优秀表现，比如注意力集中、重视学习、学习完了才玩、每次课前都会预习、考试前认真复习等等。然后再反观自己，找到差距或者不足后，努力改正，就能促使自己超越从前。而且，在反观自己的过程中，会了解自己当下的学习状态。了解自己是改变自己的前提，在学习上，了解自己最好的方法就是和优等生比较，全方位地比较，找到自己做得不足的地方。

当对自己有了充分的了解以后，女孩应该恭喜自己，因为肯了解自己代表着对自己的接纳，内心是积极的色彩，就会追求进步，而不是甘于现状或者自甘落后。

2. 成为自我调节学习者

优等生的优势在于他们能够掌控自己的行为、时间，他们能够支配自己的行为，可以说，是很好的自我调节学习者。自我调节学习者具有综合的学业学习技能以及有益于学习的自我控制力，所以，他们具有更强的学习动机。在学习活动中，他们能自我发起且自我引导，独立地进行学习。研究显示，自我调节者是具有元认知的、有动力去学习且具有策略的。

女孩把学习当成生命中最重要的事情，为了学习好，掌握所学知识，主动寻求适合自己的学习方法学习策略，在学习上会呈现一派蒸蒸日上的景象。

做不到自觉学习，怎么办

张颖读初一，很聪明，可惜她就是不自觉，很少主动学习，一直以来成绩居于中等偏上。这可急坏了妈妈。妈妈觉得如果张颖用心一些，成绩就可能有很大的改变。

张颖最爱看小说，学校不让带手机，只得回家看。放学回家，往床上一躺或者沙发上一靠，就拿着手机看小说，一边看一边笑。妈妈说了几次，不要看这类小说，文辞不讲究，当心将来写作文有语病。张颖不服，说《甄嬛传》《杜拉拉升职记》最初不都是网文吗？妈妈说那是极少数。再说，她看的这些也不是出类拔萃的。要不作文成绩怎么会那么差！

张颖承认，自己看的不是这类优秀作品，只图好玩。她满口答应不看了，可就是控制不住自己。父母不在家的时候，连上厕所都要拿着手机看。还有几次看晚了，没写完作业。

女孩需要让学习达到自觉的境界

如果女孩自觉性差，在学习上很容易陷入被动状态，因为当下好玩的东西太多了，别的且不提，一部智能手机，可以上网，可以玩游戏，可以追剧，可以检索到自己喜欢的明星的生活喜好，如果父母不在家里，手机点一点，就有食物送过来填饱肚子。

如果在周末或者其他假期，女孩的一天是这么度过的，而且经常这么度过，那么女孩的学习自觉性很差。自觉性是指个体自觉自愿地执行或追求整体长远目标任务的程度，其外在表现为热情、兴趣等，内在表现为责任心、职责意识等。

学习是女孩自己的事情，跟学习相关的任何事情都需要女孩自己来安排。女孩要懂得中学阶段是学习的关键时期，决定着未来女孩的学业成就和职业发展，即使当下的学习任务比较重，女孩也不能退缩，而要努力去适应，并很好地完成。

青春期女孩的价值观对未来的影响很大，如果女孩在此时把学习当成生活中很重要的事情，以积极的态度去学习，那么，收益的不光是当下的学业发展，还有一种不懒散、积极主动、能够自我控制的能力，成为自我调节学习者。

如何提高自觉性

自觉是一种自主自愿的状态，如果女孩对学习是这样的一种状态，那么，无论天资怎么样，在学习上一定不会吃瘪。所以，女孩要想在学习上得心应手，就必须提升学习的自觉性。

1. 先把时间给学习：利用锚定效应

在心理学上有个锚定效应，指的是人们在对某人某事做出判断时，易受第一印象或第一信息支配，就像沉入海底的锚一样把人们的思想固定在某处。

如果女孩比较贪玩，就在第一时间告诉自己："写完作业再玩！""明天小测验，先复习好了，再玩游戏！"不断地自我提醒，那么，"先把时间给学习"的想法就被固定住了。

这样，女孩就形成了一种认识，自己是个爱学习的孩子，放学后先学习后娱乐。这么做带给了女孩很多成就感和满足感，增强了女孩的学习动机，她就会坚持这么做了。

2. 借助习惯的力量，提升自觉性

习惯是一种自动化的动作和稳定的行为方式，具有约束的力量。培根说："习惯真是一种顽强而巨大的力量，它可以主宰人的一生。"养成按时学习的好习惯就无须运用意志控制自己了，也不会因为玩耍而影响学习。

3. 想办法对学习感兴趣

在好学者的眼里，学习是一件特别有趣的事情，有了兴趣，就能自觉主动地学习，因此，才会发生"陈毅吃墨水""牛顿煮表"的事情。

有个孩子，英语成绩一直不好。他讨厌上英语课，一见到那奇形怪状的音标，心里就腻歪，趁老师不注意，就偷偷看小说。后来，他结识了一名留学生，是一家跨国公司的工程师，虽然他上学学的理工科，但是英语非常好，和外国人交流从来不用翻译，能阅读原版的英文书籍。初次见面，这个孩子就被对方的气度吸引了，下定决心也做那样的人！于是，这个孩子开始用心学习。没想到，最初觉得枯燥乏味的单词、音标、句子，现在变得有规律，甚至很可爱了。很快，

他的英语成绩就提高了。

孔子曰："知之者不如好之者，好之者不如乐知者。"女孩要想办法让自己对学习产生兴趣，这样，学习的自觉性就会大大提升。

4.制订计划有助于实现目标

即使有宏伟的目标，在学习过程中没有切实可行的计划，受外界环境和个人意志水平的限制，也可能让目标泡汤。

就拿做作业这件事情来说，如果作业比较多，做作业前估算一下需要多少时间，然后根据科目的情况安排好先做哪一科，后做哪一科，列出一个简单的计划表，就不会在不断考虑先做哪一科后做哪一科上浪费时间了，更不会这科做不完就去做那科了。

为什么制订学习计划有利于实现学习目标呢？计划是一份达成目标的方法和过程，是更清晰化的动态的目标。因为"看得见""摸得着"，激励作用更强，可以约束个体行为按照计划去执行，避免散漫、拖拉。

如何让目标够得着

有个女孩学习成绩不是很理想，但是她很要强，一直想着能成为班里的前几名，为此，她不断努力，制订了学习计划：参加"拔高班"学习，做高难度的习题。她每天都特别努力，成绩却提高不上去。女孩为此非常苦恼，她不明白为什么自己这么努力还不能达到目标。直到有一天，女孩读到了一个故事。

在古代，人们要挑水吃，有一户人家距离井台很远，挑水很不方便，男主人每天都只挑半担水。周围的人很不理解，觉得他傻或者懒。直到有一天，一好心人提示他可以挑一满担水，那样更省力。

男主人没说什么，只是让那个人自己来试试。那人毫不犹豫地打满了两桶水，满怀信心地上路了。很轻松地走过一段路后，那人开始气喘吁吁，脚步也不稳了，桶里的水不断地洒出来。小路越来越崎岖，眼看就要进家门了，那人一个趔趄，摔倒在地上。水洒光了，膝盖摔破了，那人满脸沮丧。男主人语重心长地说："这下你知道我为什么不挑满担水了吧！挑满担水最多剩下三分之一，有时还会一滴不剩地都洒落，而挑半担就能得到半担啊！"

受此启发，女孩制定学习目标的时候，开始考虑自己的学习水平，不好高骛远，学习成绩就逐渐提上去了。

目标斜率与最近发展区

社会文化理论的代表人物维果斯基认为，认知历程的发展与本源应置于人类文化历史架构中，他强调社会与儿童心理世界的重要联系。最近发展区是维果斯基学说的中心和独特的观念，是指儿童能够独立完成的任务和在与成人或是更优秀的同龄人交互作用中完成的任务之间的差距。儿童新的能力，最先是通过与成人及其他有能力的同伴合作来发展，再内化为孩子心理世界的一部分。对于儿童来讲，最近发展区是非常敏感的动力地区，在其中产生了学习与认知发展。

女孩在制定目标的时候，要考虑自己的学习能力所能达到的水平，找到自己的最近发展区，这样才能实现目标的唤醒功能。

维也纳大学康士坦丁·梵·艾克诺摩博士认为，如果把人的能力看作一座冰山的话，那么浮出水面的部分就是已经显示的能力，约占5%。换句话说，隐藏在冰山底下的95%的部分，也就是我们常说的潜能。

目标具有唤醒的功能。失去目标，就失去了做事的动力；失去人生目标，就失去了活下去的希望。目标能够激发无限潜能。但是，如果目标过大，让女孩感到遥不可及，就失去了激发和唤醒潜能的功能，形同虚设了。

心理学家们做过这样一个实验：人数相等的两组农民被安排在一块麦地的两边收麦子，不同的是，有一侧的田边每隔三米插了一面旗子。两组同时开始收麦子，几个小时后，发现有旗子的这组要比另一组快得多，而且越靠近旗子的末端，速度就越快。心理学家通过这个实验，发现了著名的目标斜率。

当一个人意识到自己的目标快要实现的时候，内心就产生一种冲动，从而使力量增强，做事的速度、效率提高。这种加速现象叫作目标斜率。当一个人做事情的时候，离目标越远，心情越平静，情绪越松弛，内在冲动越弱，工作速度越慢；离目标越近，心情越激动，情绪越紧张，内在冲动越强，工作速度越快。

如何订立有达成性的目标

在学习上，有达成性的目标，更有动力，更能促进学习。女孩要了解这一点，才能制定出有效的学习目标。

1. 订立目标要切合能力水平

女孩要记得，订立学习目标的时候，如果目标过高过大，远远超越了自己的能力，目标就失去了促进学习效力的作用。目标可以分成三个层次：长期目标、中期目标和短期目标。长期目标是一种信仰，中期目标让人觉得有奔头，短期目标让人知道眼下该怎么做。

短期目标通过较短时间的努力就能实现，可增强学习的自信心。中期目标是在完成短期目标的基础上能够进一步达到的稍大的目标。长期目标是为了让孩子有一个更强的奋斗方向。

在制定长期目标的时候，除了目标要切合现阶段的实际情况，包括兴趣爱好、家庭条件、时代背景等，还要尽可能长远，以便激起为美好前途奋斗的雄心。

中期目标应该高于现状一个档次，能够拥有足够的提升空间和不懈的动力。女孩抬头就能望见自己的目标，这样前进的方向更明确，学习也更自觉。

短期目标应限定在自己力所能及的范围内，能够迅速付诸实施。短期目标看似很小，但是积小成大，特别是在完成一个个短期目标的过程中，女孩可以不断获得成就感，积蓄经验和能力去实现中长期目标。

2. 着手去实现目标

如果女孩的学习成绩很糟糕，也不要失望，只要头脑在线，肯于出力出时间，就能改变糟糕的局面。女孩闭上眼睛，想一想，自己眼下能着手的事情是什么，然后就马上去做，哪怕是背会一段话，掌握一个定理，都会减少对自己的负性评价，弱化糟糕的形象，增强学习的自信。

3. 长期目标要带有方向性

制定长期目标，不要过于具体，以免失去目标的引导性，举个例子，即使将来想当一名数学家，也不能把努力的方向限于理科，否则会导致学识变窄，视野不够开阔。长期目标范围越宽广越利于孩子学习。各个知识体系是相互支持的，很多的职业会用到多个学科的知识，知识越丰富，越利于将来的职业选择。

追求高效，以免沦为时间的"奴隶"

崔晓丽的妈妈是一名护士，工作很忙。但是，妈妈在操持家务之余，还考上了高级护理专业。崔晓丽纳闷，妈妈哪里有那么多时间呢？有一次，崔晓丽和妈妈一起做饭，妈妈一边做一边说："很多事情只要安排得当，是可以做得又快又好的。比如，我在炒鸡蛋的时候，就在等油烧热的同时搅鸡蛋。油热了，鸡蛋也搅匀了，可以节省时间。"崔晓丽明白了，妈妈每次能半个小时做好饭，秘诀就在于妈妈在支配时间时，总是想着要用有限的时间做更多的事情。

在妈妈的熏陶下，崔晓丽也学会了用较少的时间办最多的事。改正作业的时候，崔晓丽会同时把错题抄到错题本上，以便在复习的时候进行重点记忆。背诵课文的时候，崔晓丽会闭上眼睛，不让自己走神。等车、在超市排队结款的时候，崔晓丽回忆老师上课讲的内容，或背几个单词。自从养成了这样的合理安排时间的习惯后，崔晓丽再也没有被学习任务追得焦头烂额过。

时间管理目的：让有效时间变多

有的学生学习成绩不好，不是不够用功，也不是不爱学习，而是不会做时间管理，对时间的利用率不高，总是觉得时间不够用，无法照顾到学习的每一科目，具体表现为分不清学习任务的轻重缓急、不懂得合理分配时间。一句话概括，就是不懂得时间管理。

对于学生来讲，时间管理的目的就是提高单位时间的学习效率。通常可以通过两个方面来衡量：一是看有没有达到预期的效果，比如，复习一遍，有没有掌握住；二是看看完成某个学习任务所花费的时间多少，如果总是比别的同学耗费的时间多，说明学习效率不高。

学习效率决定学习成绩。女孩要想取得好成绩，提高学习效率是一个重要的途径。提高学习效率的方法很多，最为有效的一个方法就是管理好自己的时间。事实证明，凡是成绩好的学生、事业有成的人，都是卓越的时间管理者。

做卓越的时间管理者

对于贪玩的女孩来讲，玩起来时间就如同白驹过隙一样转瞬即逝，等想学习了，已经没有时间了。遗憾也没用，时间就是这样，抓不住就消失了，从来不等待任何人。女孩要想利用好时间，有必要掌握一些时间管理方法。

1. 事先规定任务完成期限

巴金森在其所著的《巴金森法则》中写下这段话："你有多少时间完成工作，工作就会自动变成需要那么多时间。"升入中学的女孩，学习科目比较多，作业内容也很杂，为了不让单科内容花费更多的时间，女孩不妨在做作业之前给每项任务规定一个完成期限，这样就不会落下哪一个。

2. 列清单，合理安排时间

女孩事先把自己要做的每一件事情都写下来，明确自己手头的任务，能够产生紧迫感，不敢懈怠。

第一步，在学习上，不仅有重要和非重要之分，还有轻重缓急之分。先做重要的、着急的，把不重要的，不急的放在后面去做。

女孩需要先列出将要完成的学习项目，将这些项目按重要性排序。这样，在做的过程中就能感到胸有成竹，做起来才会有条不紊。

第二步，了解自己可以支配的时间有多少。要把各个空闲时间段都算进去，除去正常的交往、休闲要用的时间，剩下的就是可以安排用来学习的时间。女孩要清楚自己的时间分别适合做什么。比如，清晨适合阅读和背诵，晚上适合预习，学校里的自习时间适合复习、写作业，周末时间适合阶段复习。

第三步，一次安排时间不宜过长，可以根据自己的实际情况来确定，但是一次学习时间在一小时到一个半小时之间，然后就合理安排休息时间。比如，背诵一段时间后，感觉累了，就要休息一会儿。疲劳已消除，立即接着学习。背诵的内容只有经过反复记忆，才能牢固掌握。休息的时候，可以站起来运动运动，做做简单体操、喝点水、吃点水果、闭目养神几分钟，也可以看看其他学科的内容。但是，绝对不能读小说、看电视、上网玩游戏，以免沉浸其中，思路不容易回来。

3. 抓好生活中的零碎时间

生活中的零碎时间很多，比如等老师上课的时间，睡觉前的几分钟、等车的时间、锻炼结束后的休息时间、出行的路上、饭前饭后的时间、等人的时间、散步的时间等。利用这段时间背诵几个单词、回忆一节课的内容、默记一个概念，都会收到"聚沙成塔"的效果。

女孩要懂得珍惜时间，事先将难题和需要背诵的单词、生字、生词、诗句等记在小卡片上，带在身上，有机会，就拿出来默记。

你可能忽视了自己的"工具书"

在家里，王程程学习的时候，喜欢把手机放在手边，对于这一点，妈妈很不高兴，她常嘀咕："手边放着手机，一会儿看看一会儿看看，还能不分心？"

有一次，妈妈嘀咕的时候，王程程听到了，她说："什么叫分心？我是用手机查阅资料，你以为我在看娱乐八卦呢？"

王程程说："学习英语或者阅读英语文章的时候，经常碰到不认识的单词，用手机上网查阅方便一些，可以节省时间！"

工具书能够促进学习

一提工具书，女孩可能想到的是字典、词典、考试大纲什么的，其实，工具书的范围远远超过这些，利用好了，对女孩的学习带来的帮助也很广泛。

工具书是能够"指引读书门径，解决疑难问题，提供参考资料，节省时间精力"的好老师。电子信息技术高度发达后，网络教育普及，电子产品克服了大块头字典携带上的不方便，可以做到随身携带，随用随查，更有利于学习了。

中学生都有了智能手机，遇到搞不清的内容，上网查一查，就能及时扫清拦路虎，学习变得轻松，更有劲头。对于那些爱思考的同学来讲，工具书不仅能够提升学习兴趣，还能扩大学习知识的深度和广度，使得女孩更自由地在知识的海洋中翱翔。

一定要学会使用"工具书"

有效地选择工具书能够促进学习。那么，中学生常用的工具书有哪些呢？

1. 常用工具书

工具书的种类很多，具体说来像字典、词典。阅读或者学习过程中遇到难字、难词，不明白的成语典故的时候，可以查阅字典、词典。

互联网时代，只要能上网，手里有手机，就能在网络上应用各种查阅工具书，最常用的有：

年鉴、手册：在学习中，要了解国际、国内时事资料与统计材料，需参考年鉴、手册。

研究问题，写作文必须广泛地收集材料，需要借助于各种书目、文摘、索引、百科全书、类书、政书等。

在中小学阶段，常用的工具书就是字典、辞典、百科全书、年鉴、手册等。

当然了，有些工具书，可能还没有相关的 App，需要翻阅纸质书。还有一点就是，不是所有的网络工具都具有准确性，女孩要学会选择权威机构制作的，自己要多个心眼，学会鉴别。

2. 不可忽略的学习工具

在学习上除了要使用那些典型的工具书来帮助学习外，为了取得好成绩，还要利用好几种独特的工具书。

第一，用好教科书。

课本，就仿佛是学习的根据地，基础知识的精华都在课本上。初中阶段所学的各种定理、公式，在课本上都有具体的推导过程，细细阅读这些重要的知识点，有助于理解和掌握。

第二，选择教辅书。

市场上的教辅参考书很多，最好选择最贴近教学大纲的。大多数教辅书都大同小异，所以，只需吃透一本就足够。当然，如果基础知识已经扎实掌握，一本教辅书已经做熟，是可以多做几本的。

选择教辅书，最重要的一点是看看是否涵盖了教材所讲内容，题型是否具备难、中、易三种。

第三，试卷。

考试，是检验知识掌握程度的好方法。每一次考试，除了能够搞清自己哪部分知识掌握住了，还能够找到没有掌握住或者一知半解的那部分，有利于发现学习过程中的薄弱环节。改善薄弱环节需要一个过程，需要在各阶段的复习过程中多看几遍。这样，试卷就成了检验自己对知识掌握情况的重要参考资料。

第四，各种笔记。

最常见的笔记就是课堂笔记。这个笔记是课本知识的浓缩，是老师讲课思路的文字记录，也是重点内容的集结地。在复习的时候，笔记是重要的参考资料，能够一目了然地把重点内容展现出来，避免漏掉重点内容，也可以节省很多时间。还有就是在学习过程中记录的各种学习心得、感悟，都是很重要的参考资料。

第 12 章

青春期女孩交往派

——搞好人际关系，不孤独

青春期女孩，社会关系需求很强，更加渴望与同伴交往，特别迷恋和朋友在一起的感觉。同伴交往对女孩的性格发展、学习行为有着积极的影响。所以，女孩要学会交往。

与学习紧密相关的人际交往

在师生眼里，学霸清清很勤奋。每个课间，她都会独自埋头做作业，不主动与人交流，有人向她求助学习上的问题，她也是寥寥几句答完，不扎堆、不八卦。上学或者放学，她总是一个人独来独往。大家对她敬而远之，她好像一点儿都不介意，沉醉于"独行侠"的日子。

最近，清清觉得日子好像不是那么滋润，有点羡慕那些群来群往的同学。每每被他们的笑声吸引，可自己就是加入不进去。特别是最近因为午睡打呼噜的事情被同学曝光后，她心里无比苦闷，此时，她特别想有个可以交流心事的朋友，可是，不知道跟谁交朋友！

人际关系越好，学习成绩越好

中学学习生活很重要，在通往大学的路上，很多父母或者女孩在意的是分数，但是，作为走在成为社会人路上的青春期女孩，也需要交往，满足她们归属与爱的需要，否则，就会影响她们的学习。

北京师范大学中国基础教育质量监测协同创新中心发布了"区县学生发展综合评价与改进3C模型"，这个研究对于了解人际交往对学生学习的影响很有说服力。项目组对来自全国600多所学校进行了抽样调查，通过对中小学生、家长、教师的调研进行分析后发现，亲子关系、师生关系、同伴关系，都会深刻影响着学生的心理健康水平，并对学生的学业成绩有着明显的影响。

1. 亲子关系提升，学习成绩提高

良好的亲子关系促进孩子的学习进步。调查显示，亲子关系提高10%，中学生网瘾下降6.2%，学习成绩可以提高1.27%，学生的自我认同感会提高4.9%，学生的自我管理能力会提高5.2%，学生的公正感会提高5.1%，学生的积极社会信念会提高5.0%，生活满意度将提高4.7%。同时，学生的孤独感会降低3.2%，焦虑会降低3.6%。

2. 师生关系越好，学习成绩越好

老师是校园生活里最权威的知识传授者和生活引导者，师生关系越好，孩子学习越积极主动。

调查显示，师生关系提高10%，学生学习积极性提高2.4%，学生的自我认同水平会提高2.4%，学生的生活满意度会提高2.6%，学生的公正感会提高3.0%。与此同时，学生的孤独感会降低2.6%，焦虑感会降低2.7%。

3. 同学关系越好，学习成绩越好

调查显示，同伴信任提高10%，学生的自我认同感会提高5.7%，学生的自我管理能力会提高5.2%，学生的公正感会提高5.0%，学生的积极社会信念会提高4.9%。与此同时，学生的孤独感会降低3.1%，焦虑会降低3.7%。

以上研究充分显示人际关系对学生学习的影响。所以，女孩越是能够和同学搞好关系，拥有自己的好伙伴，她在学习上越有自信、越能管理好自己，心情也会越好，当然学习成绩就更好了。

主动交往，获取友谊

一个人的人际关系如何，在于他的社交水平。社交能力是人类必备的本领，按着心理发展规律来讲，3岁以后就懂得与人交往了，到了中学，如果再缺少交际能力，一定会影响未来发展。

对女孩来讲，中学阶段最重要的人际关系就是父母、老师、同学，和他们相处好了，中学生活就会过得自在、开心，获取好成绩，也就学会了如何与人相处，情商当然不会差。

北京大学社会学袁岳博士说："现在有的大学生的社交能力基本上只相当于七八岁孩子的水平。而存在社交障碍的95%以上的原因都在于孩子在上学期间没有机会走入社会，从小就不与别人打交道，只是一味读书考试。"

那么，家长该如何做才能让自己的孩子成为受欢迎的人，让孩子从此远离"交往危机"呢？

1. 主动交往

中国青少年研究中心相关课题组研究员朱松说："孩子的社交能力和父母性格及日常社交行为能力有非常密切的联系。孩子在成长过程中会效仿父母的行为和处世方式。"

如果女孩生长在父母的社交能力不是特别强的家庭，女孩就要向身边的善于交际的同学学习，学习以诚待人，学习与同学分享学习经验、学习关照同学。

青春期的孩子都渴望与同龄人做朋友，女孩只要敞开心扉，善待他人，就能收获友谊。在友谊的滋养下，女孩心情愉快，学习效率高。

2. 交朋友，改变害羞心理

跟他人建立最初交往的时候，女孩可能会不好意思。研究表明，有11%～15%的孩子有过分害羞的倾向。女孩要想交朋友，就要先改变这一点。如何改变呢？

第一种办法，和喜欢交际的同学建立关系。

主动和善于交往、有号召力的同学建立交往。女孩不要担心被拒绝，这个年龄段的女生社会关系需求很强，更加渴望与同伴交往，特别迷恋和朋友在一起的感觉。尤其是成长在权威型家庭环境里长大的孩子，有心事不愿意对父母讲，成长的烦恼使他们倍感孤独和寂寞，他们能够寻找的推心置腹的倾诉对象就是同龄人。

第二种办法是，积极参加有组织的群体活动。

只要组织者一宣布，就积极参加，加入了这个群体，就有了与同学交往的机会。一次两次三次，大家熟悉起来后，随着交往的深入，就找到了志同道合的朋友。

3. 交往要本着友爱的原则

俗话说，玩伴易得，挚友难觅。女孩要想交到志同道合的朋友，就要与对方多接触，多分享自己的学习、爱好、人生规划等，以引发对方的共鸣。平时，多关心对方的身心健康情况、学习状况，照顾到对方的情绪，真正走到对方的内心后，就能在以后的人生路上互相关照。

朋友圈里要有"学神""学霸"

最近，章颜学习进步特别快。在大家眼里，这个聪明的女孩终于用功学习了，这要归功于老师啊！每隔一段时间，老师就跟她谈一次话，鼓励她用功学习，激发了她的学习动力。

章颜当然明白，起作用的是老师的一句："你观察一下周围的学霸们，看他们是怎么学习的！"以前，章颜对学霸并不关心，默默地观察了一段时间后，她觉得这些学霸太让人佩服了！

他们上课注意听讲，老师提问，他们积极回答；自习课上，默默地学习；夏季不犯困；多难的作业，到他们手里都轻松自如！章颜下定决心向他们学习，经常和他们交流，偷师学艺。

经过一段时间的努力，果然有了不小的成效。章颜决定要不断向他们学习，将来，也做其他同学的榜样！

认清优等生的榜样力量

俗话说，榜样的力量是无穷的。优等生被同学称为"学神""学霸"，顶着"能考入好学校、有个好前途"的光环，是大家学习的榜样。

女孩认可并多接近优等生，与他们多多沟通，对自身的学习也有很强的促进作用。根据社会学习理论的观点，人类的大多数行为是通过榜样作用而习得的：个体通过观察他人行为会形成怎样从事某些新行为的观念，并在以后用这种编码信息指导行动。

有的女孩也许心中会有一种"学霸都是高智商的"这样的观点，很多研究显示，对女孩成绩影响最大并不是智商。

美国心理学家拉扎勒斯曾研究过非智力因素与学习的关系。他将高中生按智力与兴趣分为两组：前者平均智商为120，但对于语文的阅读和写作不感兴趣；后者平均智商为107，却很喜欢阅读和习作。两组都必须学习阅读与写作课程。

但是，一学期结束时，兴趣组每人平均读完 20.7 本书，写了 14.8 篇文章。而智能组平均每人读完 5.5 本图书，写了 3.2 篇文章。由此看来，非智力因素，涉及动机、兴趣、情感、意志和性格等，在学习上发挥着重要作用。

女孩要懂得，自己与优等生的差距在于他们更爱学习、更勤奋、更懂得如何学习，更懂得在学习的过程中不断寻找更适合自己的学习方法。好的学习方法有助于孩子快速而准确地掌握所学知识。

所以，女孩在与优等生交往的过程中，还是多多观察他们的学习行为，看看优等生是如何学习的？在学习方法、学习习惯等方面比自己好在哪里？然后"偷师"到自己身上，就能与优等生比肩了。

放开眼界，向所有优等生学习

孔子曰，三人行必有我师。与优等生做朋友，让优等生走进自己的圈子，被他们的学习行为、优秀品质感染，就能不断完善自己。青春期的孩子对同伴的信赖与依恋远远大于父母的说教，优秀的同龄人会带来更多正向的力量。

1. 多向优等生学习

近朱者赤。女孩如果多向优等生学习，就会浸染她们身上的一些行为品质。女孩平时在学习上不够勤奋，不愿意动脑筋寻找更适合自己的学习方法，那么，不妨鼓励孩子多观察优等生是如何学习的。

张琴雅是一名中等生，妈妈提示她平时可以与孙晓洁多探讨探讨，借鉴一下孙晓洁好的学习方法。张琴雅发现孙晓洁每个假期都要对下学期将要讲的新课预习一遍，而且还借来上一届同学的课本和笔记本。张琴雅也像孙晓洁那样利用假期预习了一门自己最不擅长的物理，学习效率果然大大提高。

当然，相同的学习方法，因个人条件不同，产生的学习效果也不同。借鉴别人的学习方法，要根据自己的实际情况进行实践。比如，别人背诵的时候必须念出声，而自己需要一边理解一边默写才能记住，那么，就不需要按着别人的方法去做了。

2. 要诚心向优等生请教

作为女孩，即使平时比较矜持，在学习上，也要保持虚心求教的行为习惯。如果自己的哪一科的确很差劲，不要气馁，除了查找自己学习不好的原因外，还要多向擅长该科目的同学学习。不要只是哪道题不会了，就向优等生问哪道题，更不要知道了答案就认为会做了，要耐心听优等生讲解题思路，学会解题方法。这样，才能举一反三，再次遇到类似的题目才会做。

3. 多观察优等生

大家的智商都差不多，优等生之所以成绩优异，在学习上一定有自己的独到之处，平时多观察向优等生请教。看他们怎么利用业余时间，问问他们怎么听讲，上课是否积极回答问题，看看他们的作业本是什么样子，他们是怎样做作业的，翻翻他们的课本看看是什么样的。

4. 阅读考入名校的优等生的报道文章

在报纸、杂志、网络等媒体上，常常有考入名校的学生介绍学习经验文章，女孩多读读这些文章，很容易产生共鸣。在这些文章里他们会谈学习体会、学习心得，细细阅读，就能发现他们成绩好的秘诀的核心：为学习痴迷。这样的文章能够让自己大受鼓舞，学习起来更有劲头！

悦纳他人，满足归属感需要

整整一节课，彭静心情特别不好，觉得自己做得有点过。上午有同学管她借笔记本，她谎称自己一会儿要看，拒绝了。那位同学生病好几天，好不容易才来上课，特别需要根据笔记自学新知识。一想到同学当时失望和不解的眼神，彭静就怀疑自己是不是做错了。

自己怎么会这样呢？

怕被别人超越吗？可是，怕被超越，就不会被超越了吗？我不借给人家笔记，人家就学习不好了吗？自己太自私了，怪不得同学们对自己态度冷淡呢。

这么想着，彭静拿起笔记本，给那位同学送过去了。看着同学惊喜的眼神，彭静心里坦然了。

马斯洛需要层次理论：归属与爱的需要

生活在这个世界上，每个人都有自己的需要。马斯洛需要层次理论告诉我们，每个人都有生理需要、安全需要、归属和爱的需要、尊重的需要、自我实现需要，这些需要具有强大的内驱力，推动着人们为满足需要而不断努力。得到别人的尊重、在群体中寻求归属感是人的基本需要。

青春期的孩子正处于"心理断乳期"，他们要摆脱父母对自己的控制而寻求人格上的独立，跟同龄人走得比较近。此时，友情在他们心中占有很大的分量。他们渴望友谊，需要改变以往的过于自我的行为方式。

在人际交往过程中，如果一个人脑子里想的只有自己，事事以自己的利益为出发点，丝毫不考虑别人的利益和感受，就不会被群体接纳，就无法获得志同道合的朋友，失去了归属感，内心空荡荡，日子就不会快乐而充实。

青春期是心理问题的多发期，友情有助于青少年摆脱孤独和迷茫。心理学研究表明，一个有自杀倾向的人，其心理上最迷茫的时期会持续两小时左右的时间，如果在这个紧要时期能给予及时的心理干预，或者有亲密的友人陪伴度过，就会从极度心理困惑期摆脱出来，重新燃起生命的热情。

尊重他人的需要

人际交往讲究平等的原则，女孩要想自己的交往需要、归属需要获得满足，就要先满足别人这方面的需要。无视别人的存在就会让别人感到不安进而远离。对于青春期女孩来讲，一下子就成为社交达人也是不大可能的事情，女孩不妨先学会做个能温暖他人的人。

1. 从体察父母开始关注他人

如果女孩能够照顾到父母的感受，并因此控制自己的行为，那么，女孩的眼里就开始有别人了。吃东西的时候，给父母留一份；父母累了，给父母倒杯水、做点饭；父母做家务的时候，加入进去一起干。这些行为，都是"无私"的表现，能够抑制自私的种子萌芽。

女孩子每个月总有那么几天不是很舒服，这个时候，多多陪伴自己的同伴，在学校里多照顾一下，帮她们接热水，替她们洗餐具，这些虽然是小事，却能温暖对方的心。

2. 和同学分享学习经验

每个女孩都会有一些学习心得，把这些"作战经验"跟同学聊一聊，把参考资料给同学复印一份，这样既促进了友谊，也会赢得同学的信任。同学也会把自己的学习经验、学习资料拿出来一起分享。这样的学习氛围，不但促进了大家成绩提高，同时也能培养无私的情怀。

3. 祝贺别人的节日

小的时候，是父母给自己过生日。到了中学，已经懂事了，具备给别人过生日、送礼物、送祝福的能力了，报答养育自己的长辈。每逢 "三八"妇女节给妈妈送一些礼物或者给妈妈一些惊喜；"五一"劳动节让父母休息，自己来做家务事；同学生日，给同学买些小礼物，等等。

4. 给予弱者帮助

谁是弱者？老人、孩子、遇到困难的人，都是弱者。在马路上遇到需要帮助的残障人士，伸出援助之手；同学在学习上遇到困难了，耐心帮助同学把不懂的地方弄懂；有地方受灾，献爱心；利用业余时间，参加一些社会活动。

不搞砸和父母的关系

为了攒够一张演唱会的门票，王迪总是以各种名义向父母要钱。父亲说："这个月我已经给你超过往月两倍的零花钱了，我不想拆穿你，你也别觉得父母不知情！""你在说谎！"16岁的王迪对着父亲吼道。"不，我没有！别用那种语气跟我说话！"父亲反驳道。父亲的目光变得可怕，死死地盯住王迪，王迪一点儿都不害怕，脸上露出讥讽的表情，她好像不清楚，爸爸对她的忍耐已经到了极限。

别把叛逆当成独立

提出人际发展理论的沙利文认为处于不同发展阶段的人有着不同的人际交往需求。青春期女孩的成长，并不是完全的放飞自我。

小的时候，父母的怀抱是孩子最依恋的地方，妈妈的笑脸最让他们开心，到了青春期，女孩想着要独立，要自由，要做主，最烦父母过问她们的事情。遇到困难的时候，她们常常躲在被窝里偷偷哭泣。此时，女孩要承认自己的内心深处很渴望父母的关心和支持。

女孩常常以反抗父母作为自己独立的表现形式，这些逆反的行为可能是下意识的，自我矛盾心理下的情绪发泄。父母也会出现容忍不了的时候，和女孩发生冲突，让她们伤心、难过。实质上，父母仍然是青春期女孩最坚强的后盾，一旦失去父母的爱护，女孩所期待的独立自主都将是浮云。

亲子关系作为人际交往过程中最亲密的一种关系，父母承担着给孩子提供物质和精神上的帮助的责任，即使到了青春期，孩子更倾向于与朋友交往，但是朋友提供的较多的是情感支持。按交往的难度来讲，亲子之间的相处难度明显要高于朋友间的相处难度，所以，当女孩心情不好的时候，或者跟父母沟通不畅的时候，要试着站到对方的角度去想，想想父母此时的情绪，控制自己的情绪，等双方冷静下来后再沟通。

理解家长的付出和期待

女孩进入青春期后，会有一些逆反心理，会反抗父母的管教，为了避免伤害亲子感情，女孩一定要理解父母的心情。

1. 换位思考

女孩读中学以后，会逐渐地把自己当大人，不愿意被父母当成小孩子管教。如果父母的教养方式没有跟上女孩的成长，女孩要理解他们，不跟他们顶撞。当父母唠叨和嘱咐的时候，站到父母的角度想一想，父母习惯了处处关照自己，一下子改变不过来，要给他们一些时间让他们适应。

2. 多和父母沟通

孩子升入中学后，很多父母都担心已经步入青春期的女孩会早恋、学习成绩下降。特别是发现女儿与哪个男孩关系比较不错的时候，心里就开始打鼓了！旁敲侧击、盯梢跟踪是父母的惯用形式。

这种情况下，不要跟父母对着干，那样只会惹恼父母，自寻烦恼。多和父母沟通，把真实情况讲述给他们，他们就不会乱怀疑了。

3. 多克制自己的情绪

如果你跟父母发过脾气，试着想一想，有的时候，父母没有说什么，不足以引起你发怒，你的脾气就爆发了！这是因为青春期女孩身体内的激素分泌较多，易激惹的原因。

另外，青少年神经系统没有完全发育好，控制和调节情绪的能力还跟不上去。在脑和神经系统生长的基础上，青少年大脑神经活动功能的主要特点是兴奋性较高；兴奋过程和抑制过程相比，兴奋过程又相对较强一些；兴奋和抑制的相互转换较快。这样就使大脑皮层的兴奋与抑制过程在一定时间内不十分稳定，皮下中枢的调节作用会出现暂时不平衡。因此，对于精力旺盛的青少年来讲，由于体内积蓄了大量的能量，在没有找到合适的发泄出口的时候，容易因兴奋过度导致情绪激动。

当和父母在一起的时候，女孩要努力克制自己的情绪，不要因为父母的一两句话就爆发出来，更不要把发脾气的原因算到父母身上。

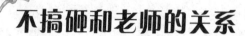

不搞砸和老师的关系

良好的师生关系应该是相互信任、相互支持、相互欣赏，孩子尊重老师，像对待长辈一样，但是不把老师视作高高在上的权威，当作可以平等、自由交流的朋友，遇到学习困难，孩子主动向老师求助，既能树立自己的形象，也能体现自己尊重老师的态度，这样的师生关系最促进学习。

"亲其师，信其道；尊其师，奉其教；敬其师，效其行。"学生愿意亲近、尊重、佩服自己的老师，就会听从老师的教诲，信服老师所传授的知识和方法，学习老师待人处世之道。

良好的师生关系能促进学习

老师在学生的身心发展过程中扮演着重要的角色，中学生对自己的评价在一定程度上还是依赖成人，老师的积极评价有助于女孩树立自信心、提升自我认同水平。女孩跟老师相处得好，在老师心目中树立一个积极、健康、向上的形象，老师认可，学生自我感觉好，在学校的生活过得快乐而自在，学习效率高。相反，和老师关系闹僵了，心中有抵触情绪，就会影响听课、做作业、和老师沟通等事情。

解决好几个常见的师生的问题

要想和老师相处好，建立最利于学习的师生关系，达到配合老师的工作、认真听老师讲课、努力完成作业、考出好成绩，以下几方面女孩一定要处理好。

1. 有困难，跟老师说出来

一位老师一种讲课风格，当孩子适应了一个老师的讲课风格后，如果换另一位老师，孩子会不适应。老师的讲课风格相差太大的话，孩子甚至会放弃听课。这么不成熟的做法对女孩的学习没有好处。

遇到这种情况，女孩的最佳选择就是及时跟老师交流。从心理学的角度来讲，如果一个人主动和别人沟通交流，会让对方感受到重视和信任。女孩跟老师说出自己的困扰：老师讲课速度太快、老师讲得太抽象听不懂等，老师不但不会反感，还会因为你对待学习认真而另眼相看。

2. 不要跟老师较劲

在学生眼里，有的老师不是很受欢迎，这类老师属于"驯狮型"，对学生严加管教，以分数作为评判学生的标准，喜欢考试，性格猛烈一些的还很容易发怒，那些被老师"修理"过的学生难免就有了逆反情绪。此时，女孩要懂得，老师虽然比较严厉，但都是为了学生好，女孩努力学习，达到老师的标准，老师会很欣慰。女孩跟老师沟通的时候，态度要柔和，老师更容易接受。

在学习方面，老师也有出错的时候。比如 PPT 课件里写了错别字、公式大小写混淆、数字计算结果错了，等等。如果发现了这些错误，先记下来，课下跟老师说明。

3. 试着去理解老师

有的时候老师说话可能不是很客气，或者没有了解事情真相就做出了判断，这种情况下，就会有受冤枉的同学。

如果和老师有分歧，女孩也不要跟老师对着干。站到老师的角度想一想，老师为什么会对自己有这样的看法，是不是自己平时的行为给了老师这样的认知，如果是这样，就告诉老师："也许以前我很调皮，但是以后我要改正调皮的毛病，让老师省心！"

青春期女孩的闺蜜情

琳娜觉得自己是一个比较独立的女孩，懂分享，和同学关系也很好，平时没什么烦恼。可是，自从升入高中后，琳娜突然觉得自己很孤单，有话不知道对谁说。一次，班里一个同学的钱包不见了，同学们都能找出作证自己不在现场的人，唯独琳娜没找出来。最后幸亏同学的钱包找到了，要不琳娜非得背这个黑锅不可。

那么多要好的同学，可是却找不出一个能说心里话的人，为此，琳娜很苦恼。

同伴是一面漂亮的小镜子

女孩进入青春期后，她们更愿意与同龄人互相分享心里的秘密，这样会使得她们之间的关系更紧密。

女孩与同伴之间的交往，同亲子交往、师生交往不同，是一种地位和权利平等的人际交往。心理学研究一致认为，与同龄人交往对学生的身心发展有重要的作用，而且不可替代。

良好的同伴关系有利于孩子认识自我。由于同伴交往的平等性，同伴的反馈更加客观，孩子更容易接受。孩子在同伴交往中能更清晰地认识自己，了解自己的优缺点，促进人格的健康发展。

研究发现，没有同伴的孩子，换位思考能力的发展明显落后于经常与同伴交往的孩子。同伴圈是一个小型的社交网络，要想成为这个网络中的一员，必须在交往中习得一些社交技能，才能很好地与他人相处，不伤人，赢得他人的理解与尊重。一个在中学阶段能够和同学友好相处的孩子，工作后，和同事打交道也会游刃有余。

女孩更可能与跟自己在价值观、兴趣爱好相似的同学成为朋友，同伴就像一面镜子能够让女孩看到自己的缺点和优势，学会处理生活、学习的方法，获得精神上的支持。和同伴在一起，女孩会觉得安全、踏实，不孤独。

交友，不学坏的几个原则

几个孩子在网吧上网，一个通宵后，觉得没意思，其中一个提议说，换个地方，来点刺激的，"赚"点钱。一听这话，其他几个人也没有反对。说走就走，一小时后他们来到一个高档小区，潜伏在周围一小时，进入一户人家盗窃，当场被抓获！

中学阶段同龄人之间的影响很大，影响力超过了父母、师长。几个爱学习的女孩在一起写作业，能激发更强的学习动力；几个不爱学习的女孩在一起写作业，可能会导致学习效率下降，作业质量变差。这就是群体影响下的社会助长和社会懈怠。

一个女孩和几个调皮捣蛋孩子在一起，更容易犯错误，还可能做出违法的事。为什么呢？在某些群体情境中，人们更可能抛弃道德约束，以至于忘却了个人的身份，而顺从于群体规范，这种情况简称"去个性化"。青少年犯罪呈现团伙性，就是这个原因。

为了避免被坏孩子影响，女孩交友的时候一定要把握好几个原则。

1. 慎与逃学的同学交朋友

不管成绩好坏，只要每天坚持上学，就是本分孩子。这样的孩子懂得学生的天职是学习，能够坚守岗位。有这样的一份坚持，即使不能考上很好的大学，也一定有不错的未来。

2. 慎与心地不善良的同学交朋友

有的女生总欺负老实同学，她们不同情弱者，还常常挑事，如果与这样的女生交朋友，事先要考虑清楚自己能不能不被其影响。

3. 该拒绝时就拒绝

如果发觉朋友提出的要求过分或者伤害了别人，甚至触犯了法律、法规，那么，就干脆拒绝。而且，要小心这个人，如果以后还会提出类似的要求，就可以考虑不再与其做朋友。

互助学习法：和同学一起进步

陈燕清是互助学习法的受益者，她一谈到高考取得了好成绩，就很感激她的学习伙伴。陈燕清所在的班级在高考临近时编排了不同的学习小组。每个人都拥有2或3个学习伙伴，可以是成绩比自己好的同学，也可以是水平相当的同学，他们相互鼓励打气、分享学习方法，最终共同进步。

"我记得一次大考大家都没考好，我和伙伴们就相互交换试卷点评、纠错，这样下来不仅题目会做了，而且信心也回来了。"学习伙伴们的存在，促进了陈燕清更为高效地学习。

互助学习，最增进友谊

学生只有通过独立的思考与练习，才能使知识"内化"吸收，"外化"表达。美国教育学家布鲁姆认为：当学习转化为一种合作过程，人人都从中受益。

学习是一件个人化的行为，但是，当学习累了的时候、力不从心的时候，不妨采取合作学习。每个学生都有擅长的科目，也有待于提高的科目，合作学习，可以互相帮助，扬长补短！

合作学习法能够提升学生的学习积极性和主动性，在学生间建立起积极的相互依存关系，增进同学感情。每一个成员不仅能够自己主动学习，还能帮助其他同学学习，以每一个学生都学好为目标。在整个学习过程中，同学密切合作，既能加深同学感情，又能使得"优等生"好上加好，"中等生"消除顾虑，"后进生"学会学习。

用好互助学习法有一个很关键点，就是要真诚，诚心诚意地以促进学习为目的，愿意和对方共同进步，才能收到良好的效果。

但是，互助学习、合作学习并不是一起合着完成作业。有时候，假期玩疯了，作业完成不了，女孩们就把作业分成几部分，找几个人均摊一些，然后誊写别人的那部分，就完成了全部。这么做，是一种变相的抄袭，可不是合作学习啊。

你也能和同学互助学习

有的女生喜欢几个人在一起共同学习，学习累了还互相考试、检查作业，这样特别有利于掌握知识。

1. 互查作业

写完作业，交换作业本，找对方的错误，促进了自己的思考，防范了自己犯类似错误，也帮助对方找到了错误。找到了同学的错误，就意味着自己掌握了这个知识点。另外，哪个孩子也不愿意自己作业的错误暴露在同学面前，为了防止出丑，他们在做题的时候就会格外用心。

不断地寻找对方的错误，可以总结出容易出错的地方，比如：错别字、看错题、理解错了题意、书写不规范等，都是容易发生的错误。

找错的时候不要大声声张，只需标注出来就好了。为了更好地促进学习，当发现对方的错误的时候，最好想一想对方为什么会出现这样的错误，自己怎么做才能预防发生这样的错误。即使同学在指出自己的错误的时候让自己心里感到不舒服了，也不要介意，要心存感激，相信同学的真诚态度，才能虚心接受对方提出来的建议。

2. 互考，可以增强记忆

当学习累了的时候，记忆就变得困难。这个时候，不妨采用互考记忆法。学生既考别人，又被别人考。两个人，针对一定的内容，一个出题，一个答题。考完后让出题的同学打分，然后互换角色。整个过程中，出题和答题都有利于记忆所学知识。

3. 互相说题

说题是给知识点提供一个记忆的情境，当再次遇到类似的题目的时候很容易就会根据当时的说题情况回忆起来。容易出错的题目、比较有难度的重点题目都可以说一说。

说题的时候，可以说对题意的理解、解题的思路和方法、由这道题想到了哪道题、用到的公式、定理、做这样的题目容易出现的错误，等等。在这个过程中，某个同学说出了思路，如果哪里不对，其他同学就指出来，更利于掌握知识。

第 13 章
青春期女孩活力派

——健康生活，学习有力气

学习如爬山，女孩要想登顶，不仅要身体好，还要心理健康。身心健康的大前提就是好好爱护身体，以健康的方式生活，不染不良的生活习惯。那么，从现在起，开启健康生活模式吧。只有健康生活才能孕育健康的身心。

拼命学习真的能获取好成绩吗

牛颜学习成绩还不错，但是家人想要她再提升一些。为了提高成绩，她决定更加抓紧时间学习。一放学就窝在家里看书、做习题，几乎每天都熬夜，没在22点前睡过觉。俗话说，一分耕耘一分收获。可是，牛颜的学习成绩并没有提高。

为了提高成绩，妈妈给牛颜报了补习班，每天放学后有两小时的时间要在补习班里度过，这样，牛颜回到家要折腾到半夜12点才能把作业写完，学习成绩还是没有显著进步，甚至，还有滑坡的趋势。

妈妈不解，上了补习班，学习也更加努力，怎么成绩还退步呢？

大脑累了会自我抑制，闹罢工

在大多数学生与家长眼里，学习成绩是与学习时间成正比，学习时间越长，学习成绩越好。事实并不是这样。

列宁曾经说过，不会休息的人就不会工作。休息不好，学习效率就很差。这是因为大脑不是机器。

学习的过程，是一种心理活动过程，也就是人的大脑皮层神经细胞的活动过程。大脑皮层的活动基本上有两种状态：一种是兴奋状态，一种是抑制状态，这两种状态基本上是平衡的并相互转换，当大脑皮层某部位处于兴奋状态时，受它控制的部位就进行工作；当大脑皮层某部位处于抑制状态时，受它控制的部位就休息。一个人除了睡觉外，大脑皮层上总有一些部位处于兴奋状态，当这种兴奋状态过久时，它自己也要转入抑制状态。所以，要想持续保持大脑处于高速运转状态，那是不可能的。

如果持续这么做，可能会带来更多的困扰。长期学习会使得主管学习的大脑皮层神经细胞感到疲倦，会自动停止工作以便补充新的能量，这叫作自我抑制现象。如果这种自我抑制现象出现后还继续学习，就会导致大脑的部分神经细胞兴奋过度，使大脑自身兴奋和抑制状态失去平衡，造成失眠、厌食、头痛、无故发脾气等症状。

青春期女孩的学习任务很重，加上还要学习才艺，参加社团等，特别需要高品质的休息。科学研究证实，主动休息是迅速恢复体力、提高工作效率的最佳方法。因为，持续的高强度工作会加重疲劳，要消除疲劳也需要更长的时间。如果等到累了再休息，效果往往不明显，因此要学会主动休息，更利于身体恢复精力，学习效率高。

主动休息，掌握一些促进学习的休息方法

不管学习有多忙，女孩都要记得主动休息，预防疲劳、保持精力旺盛，才能获取好成绩。

1. 安排好每天固定的休息时间

做好全天的安排，除了学习、进餐和睡眠以外，还应明确规定一天之内的休息次数、时间与方式，除非不得已，不要随意改变或取消。

捷克教育家夸美纽斯说："时间应分配得精密，使每年、每月、每天和每小时都有它的特殊任务。"学生要学会在时间的园地里交叉轮作，交叉安排各种活动。既要安排好学习时间，又要适当安排体育活动，使体力有所增强。还要适当安排丰富的课余生活，调节精神，陶冶性情。

2. 睡觉休息法

学习的时候，如果感到大脑已经疲劳，或者已经学习好久了，感到困了，可以眯起眼睛打个盹，让大脑放松。如果是在学校，可以利用课间时间打个盹。如果是周末，因为一周的学习很紧张，睡眠不足，那么，就好好地补个觉。

3. 娱乐休息法

放松的方式很多，可以到室外活动，做深呼吸，欣赏音乐，或者运动一下，使身心得以放松。虽然看电视很消耗时间，但是，如果学习累了的时候，可以看个电影。因为看电视、电影可以让大脑进入另一种精神活动中，缓解学习带来的大脑疲劳。

4. 大家一起活动活动

如果是和朋友一起学习，累了的时候可以做一些集体活动，排球、跳集体舞、散步等。

运动能加快血液循环过程，使大量新鲜血液输入大脑，起到疏通血液、排泄废物的作用，从而尽快地解除疲劳，使大脑重新充满活力，这是提高学习效率非常有效的方法之一。

青春期，大脑会变聪明

薇薇学习成绩一般，大人一直鼓励她努力一些，但是，薇薇觉得自己不够聪明，努力有什么用呢？妈妈说，你试着努力，当你掌握了所学知识，再学习下面的知识的时候，你一定会觉得自己变聪明了。薇薇将信将疑，不过，她决定努力一把，聪明不聪明且不说，努力总会有收获的。

青春期女孩大脑的变化

俗话说，大脑越用越好用。只要努力学习，就会越学越轻松。这个是符合脑科学研究的。到了青春期，大脑仍然在发育，青春期大脑的变化涉及灰质的生长和修剪。这种变化类似于胎儿期和婴儿期，青春期则是第二次突进，开始于青春期前不久。

生命期早期，也就是婴儿期大脑突触的修剪是这样的。作为中枢神经系统主要组成部分的脑是由无数个神经元构成的。神经元是神经系统的基本细胞单位。神经元有一段长长的伸展部分叫作轴突，轴突负责给其他神经元传输信息。神经元之间没有实际接触，而是存在着微小的间隙，叫作突触。神经元通过神经递质穿过突触的方式来传递信息。大脑发育与脑中突触的变化趋势趋于一致，体现在突触数量的增减上。为了保证神经系统的运作效率，大脑需要修剪掉一部分神经元。婴儿出生时神经元的数量在 1 亿 ~2 亿这个范围内。随着婴儿的发育，那些没有与其他神经元相互联结的神经元就会变得多余，最终消失。消失的不仅有多余的神经元，还有突触。如果某些突触或者突触组合没有被刺激，那么这些联结就会像没有使用过的神经元一样被消除，这个过程叫作突触修剪。

青春期大脑发育也是如此，那些不用的联结被修剪掉，有用的联结则被加强。这样的过程，使得大脑变得更加高效。所以，青春期女孩如果努力学习，一定是越学越聪明。

如何让大脑高效运转

那么，青春期女孩，怎么做，才能让大脑变得更聪明呢？

1. 多用脑、多思考

学习的过程就是一个用脑的过程，当女孩把所学知识掌握住并纳入自己的知识体系的过程，就是一个促进神经元联结不被修剪掉而是被加强的过程。

人脑遵循用进废退的经济型原则，最经常被刺激的突触或者突触组合被保存并发挥功能。相反，较少受到刺激或者没有受到刺激的突触则被修剪掉。

女孩专心掌握各科知识，细心理解所学到的概念、定理，背诵古诗词、精美段落，这个过程是对大脑的锻炼，促进神经元有效联结的巩固和加强。

2. 饮食要合理

大脑的运转需要能量，充分地补充大脑所需要的能量，大脑才能正常运转。

大脑的能量来源首先是葡萄糖，而主食富含糖类能够直接供给葡萄糖。大脑有个血脑屏障，就像坚守岗位的安保人员一样，对进入大脑的每一种营养物质都会进行严格审查，只允许葡萄糖进入大脑功能。

虽然蛋白质、脂肪在体内也能转化成葡萄糖，但其过程曲折且携带有害大脑的物质。主食就不一样了，吃了就等于用葡萄糖给大脑提供了能量，大脑细胞的反应会因为营养充足而充满干劲。

最常见的富含糖类的食物有：大米饭、馒头、烙饼、小米粥、煮玉米、红枣、桂圆、蜂蜜等。女孩可能不喜欢这些食物，但为了获取好成绩、保证身体健康，每天一定适当食入一些。

人脑所需要的脂类主要是脑磷脂和卵磷脂，它们有补脑作用，能使人精力充沛，使工作和学习的持久力增强，对神经衰弱有较好的疗效。卵磷脂更是被誉为维持聪明的"电池"。

富含脂质的健脑食物有很多，如核桃、芝麻、松仁、葵花子、西瓜子、南瓜子、花生、杏仁、鱼油等；富含脑磷脂的食物有猪脑、羊脑、鸡脑等；富含卵磷脂的食物主要有鸡蛋黄、鸭蛋黄、鹌鹑蛋黄、大豆及其制品。

维生素是维护身体健康，提高智力活动的重要营养素之一。大脑的代谢也离不开烟酸、维生素 B_1 等维生素。

学习离不开良好的视觉功能。多吃一些富含维生素 A 的食物，如胡萝卜、动物肝肾、红枣等，以减少眼睛视网膜上的感光物质视紫红质的消耗，以保护视力。

爱运动，学习成绩好

周末，果果在家里写字，写着写着就有点烦，无法集中注意力，听到小区休闲广场很热闹，走到窗前看到一大帮人在传球，男女老幼，蹦来跳去，欢声笑语。果果想，下去透透气，回来再写。

一到楼下，同伴们正在扔球玩，大家就喊果果一起玩，果果开心地加入进去了。你传给我、我扔给你，跳起来，接住了，球砸在头上，大家笑哈哈！几个球下来，果果身上出汗了，觉得特别舒服，连大脑都清醒了。

玩了大概有一小时，果果回家，休息了一会儿，继续写字，很有劲头！

多运动，身体好、脑子好

据英国《每日邮报》报道，西班牙一项新研究发现，与人们常说的"四肢发达，头脑简单"相反，身体健康壮实的青少年考试成绩更好。而整天懒得运动的孩子课堂表现相对更差。

解析中学生身体强健更易得高分的原因，临床心理学家、美国纽约蒙蒂菲奥里儿童医院助理教授哈希姆说："或许因为心肺功能强健的孩子能获得更多氧气。当心肺以更高的能力工作时，大脑运转得以处于巅峰状态。那些身体差些的孩子或许更容易上课打瞌睡。"

进化心理学家认为，运动，尤其是要求耐力的运动，对于大脑的进化也贡献出了不可忽略的力量。为了探究运动对大脑进化的作用，人类学家开始研究其他哺乳动物，例如狗、荷兰猪、狐狸、老鼠、狼、山羊等。他们发现，进化了上千年的动物中，那些耐力持久的动物，例如狗和老鼠的大脑在身体中所占的比例明显比其他哺乳动物要大。在实验室中，经过几代繁殖，耐力特别好的小鼠体内一种名为 BDNF 蛋白质的水平会比耐力较差的小鼠要高。这种蛋白质的主要作用是促进大脑的生长。这似乎可以解释，运动为什么有助于大脑进化。

1. 强健已有的神经网络

美国伊利诺伊州大学对120位老年人进行了调查，结果发现，每天都坚持散步的老人在1年后，大脑的海马体（负责记忆和学习的大脑部位）比不散步的老年人要大。研究者还发现，散步组的老年人，其血液中促进大脑生长的蛋白质BDNF的水平也较高。这种蛋白质能够"强健"已有的神经元（神经细胞），以及巩固神经元突触之间的联系。正是这些复杂的神经网络支撑起了我们的认知功能。而要达到这种效果，并不需要每天都运动到筋疲力尽或者汗流浃背，只需要坚持每天散步30分钟左右即可。

2. 运动促进神经元的新生

女孩如果爱运动，不光身体好，大脑也好。巴西圣保罗大学的研究者就发现，体育锻炼能够让大脑海马体的神经元的新生速度提高2~3倍。但是这些变化会随着运动的停止而消失吗？就如同肌肉在缺乏运动时会渐渐萎缩一样？有实验显示，大脑的变化能够在运动停止后维持1周，但在3周后，这些变化就消失殆尽了。也就是说，运动给大脑带来的"红利"不是长久的，不过，女孩如果有坚持运动的习惯，那么，就会一直收获大脑好使的美好结果。

女孩运动，要结合自身条件

运动有利于身体健康，增强身体耐力，为身体塑形，还能够促进大脑发育，对女孩来讲，日常生活中绝不可以缺少运动。

1. 吃得太多太腻后，运动运动

不少研究都显示，高脂食物对大脑有害，吃了高脂食物之后，锻炼身体能够抵消一部分高脂食物带来的伤害。美国明尼苏达州立大学的研究者发现，小鼠在吃高脂食物一段时间后，记忆力会变差。不过，吃高脂食物但每天进行运动的小鼠，其记忆力却不会受到损害。研究者认为，每天坚持慢跑30分钟就能够抵消不少高脂食物带来的伤害，当然，如果再配合低脂饮食，对大脑健康更有好处。

2. 随时运动

休闲的日子，是待在家里吃、吃、吃，还是走出家门活动活动，对女孩的身体健康来讲，会导致完全不同的两种结果。这些活动的内容太广泛了，比如走路去买点菜、日常不坐电梯爬楼梯、骑车出去遛遛、做一些园艺活动、逛街、购物等。在这其中最好的是走路、骑车，每次坚持30分钟以后，养成习惯，最好不过了。

休息日，承担起家里的家务活，无论是擦窗、拖地、洗衣服都是很好的运动项目，为家里做事，还能增强家庭凝聚力，增进亲子感情。

散步，无论是和父母一起，还是和同学，都是很好的有氧运动。饭后或者闲暇时光，去街心花园、路边散步，不但锻炼了身体，还融洽了彼此的关系。

3. 女孩不要运动量较大

青春期女孩性器官、生殖功能正处于发育、完善之中，超负荷的运动容易造成伤害，比如外阴创伤、月经异常、卵巢破裂、子宫脱垂、囊肿等，所以，女孩最好选择比较安全的运动方式，比如，健美操、踢毽子和跳绳。

健美操是一项集健身、舞蹈、体操、音乐、娱乐等项目于一体的新兴体育运动项目，富有动感、热情奔放、积极向上，女孩在音乐声中做健美操，不仅锻炼了听力、视力、肢体，同时也使大脑在接收信息处理信息时变得更加灵活敏捷，促进了多个感觉器官的协调运作。

踢毽子这项活动比较容易进行，家里常备一只毽子，学习累了，就下楼活动活动。在抬腿、跳跃、屈体、转身等运动过程中，身体各个部位都得到很好的锻炼，有效提高关节的柔韧性和身体的灵活性，增强血液循环和新陈代谢。

跳绳作为一项随时随地都可以进行的运动，不但能强化心肺功能、身体各主要部分的肌肉，还可训练平衡感和身体的敏捷度。一条绳子在手，随时都可以活动。

熬夜，伤身体、伤学习

瑶瑶说，今天晚上我要把这些知识掌握住，明天就可以完全放松地玩一天了！要背诵的内容可真不少，瑶瑶细细整理好，弄了个计划表，然后就冲刺了。

一个单元的概念，有二十几个，瑶瑶一边背诵一边默写，夜里22点了，还剩下几个没有记住。为了加把劲，瑶瑶泡了一杯浓浓的茶叶，一口一口喝下去，赶走了困意，但是，大脑却不运转了。

到了夜间11点，这一小时的时间，几乎就没记住什么。脑子变成了糨糊，理解力直线下降。

女孩不要熬夜学习

一项流行病学的研究，针对1014位13~16岁的青少年所做的访谈结果显示，有三分之一的青少年在生活上会有失眠的症状。女生失眠现象显著高于男生，在初三以前表现出随年级上升而增高的趋势，之后开始下降，进入大一后失眠现象最严重。

为了避免失眠导致的睡眠不足，女孩要养成规律睡眠的习惯，尤其不能熬夜学习，熬夜对青春期女孩的伤害很大。

1. 熬夜，影响记忆力

科研人员把24名大学生分成两组，先让他们进行测验，结果两组测验成绩一样。然后，让一组学生一夜不睡眠，另一组正常睡眠，再进行测验。结果没有睡眠组学生的测验成绩大大低于正常睡眠组学生的成绩。其中有个原因是睡眠的缺乏，导致前额顶叶承担认知任务的注意力的网络活性减少了；研究人员还怀疑，睡眠缺失导致记忆编码不足，从而使人不能集中注意力。

2. 影响注意力

人体在睡眠中会分泌副肾皮质激素，如果夜晚不睡眠，特别是在黎明拂晓之前不睡眠，副肾皮质激素就不能正常分泌，人体就会因为缺少副肾皮质激素而感到头昏脑涨，精神无法集中。在课堂上，会表现为跟不上老师的讲课速度，还会打瞌睡。

3. 影响健康和发育

清代著作《传家宝》记载：人若子时不睡，则血不归肝，在气血壮旺时虽然不觉，异日致病，危害不小。按照当代医学的说法就是，按照人体生物钟运转，晚上 9~11 点为淋巴系统排毒时间，晚上 11 点到凌晨 1 点是肝脏的排毒期，肝脏排毒需要在熟睡中进行。也就是说，人最好在晚上 11 点前入睡！如果忽视身体发出的警讯，即使呵欠连天也执意不休息，就会瓦解自律神经的平衡，使交感神经长期处于优势，导致长期失眠，神经衰弱。

长期熬夜会导致体内生长素分泌不足，使得女孩不能正常发育。在长期熬夜的学生当中，还有近 80% 的学生发生了视力下降，部分学生除视力模糊之外，还有眼睛浮肿、长黑眼圈的现象。

让学习给睡眠让路

由此可见，熬夜不但影响孩子的身体发育，还导致孩子不能全神贯注地投入到学习当中，不利于孩子学习。那么，怎么帮助孩子尽可能地减少熬夜行为呢？

1. 尽量缩短家校距离

有的家长为了给女儿寻找一个师资力量更好的学校，不惜忍耐路途远给孩子带来的不便。家校，路上耽误时间长，学生每天都要早早起来上学，于是导致学生睡眠不足。

由此看来，家长给孩子选择学校的时候，要考虑到师资力量，还要顾及孩子的身体承受力。

2. 不搞疲劳战术

学生复习的任务虽重，可只要上课好好听讲，回家后合理安排时间，对知识进行消化巩固就可以了，根本不用熬夜。

女孩千万不要觉得看书时间越长，越能牢固掌握知识。其实不是这样，学习时间越长，人越疲劳，记忆力将明显下降。等到头脑发木的时候，疲劳感加深，更记不住东西。这个时候，孩子会觉得自己那么用功学习，却记不住，可能是自己脑子不好用，于是对自己失去自信，产生自卑感。

3. 讲究学习效率

在学习任务较重，功课比较紧张的情况下，唯有提高学习效率，才能为孩子节省一些时间。提高学习效率的方法很多，做好预习、复习，上课认真听讲，课后按时完成作业，这样，比较利于掌握知识，就不用临时抱佛脚，开夜车了。

利用好白天的时间，比如自习时间、放学后时间、坐车时间、周末时间、假期时间等。

4. 一定午休

一些学生对午休时间不能合理安排，使得大脑没有得到充分休息，直接导致下午上课没有精神。

晚上睡觉很晚，如果中午午休一会儿，能够弥补夜间睡眠的不足。此外，午饭后休息半小时，身体会自动改由副交感神经主导，能够增强身体免疫细胞的活跃，增强免疫力。所以，家长不妨给孩子创造条件，让他每天中午休息半小时。